KB244164

요한복음 3 16

요한복음 3장 16절

지은이 고신일
펴낸이 안용백
펴낸곳 (주)넥서스

초판 1쇄 인쇄 2012년 3월 5일
초판 1쇄 발행 2012년 3월 10일

출판신고 1992년 4월 3일 제311-2002-2호
121-840 서울시 마포구 서교동 394-2
Tel (02)330-5500 Fax (02)330-5555
ISBN 978-89-5797-969-3 08230

www.nexusbook.com
넥서스CROSS는 (주)넥서스의 기독 브랜드입니다.

요한복음 3:16

To.

From.

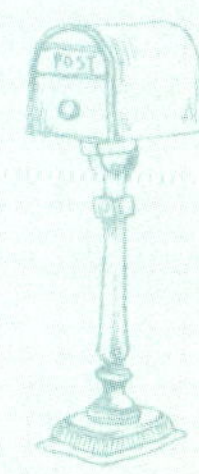

♪하나님이 세상을,
이~처럼 사랑하사~♬

누구에게 배웠는지 기억나지 않지만, 자세한 악보를 본 적도 없지만, 어려서부터 수도 없이 불렀던 찬양입니다.

하나님께서 세상을 사랑하셨답니다. 그래서 하나밖에 없는 아들을 세상을 위해 주셨답니다. 아들을 주신 이유는, 그를 믿는 자마다 멸망하지 않고 영원한 생명을 얻게 하기 위해서랍니다.

어린아이들도 알 만한 이 간단한 이야기가 세상 많은 사람에게 '그리스도인'이라는 정체성을 부여합니다. 성경 한 절에 담긴 이 짧은 메시지가 인류의 지난 2천 년을 주도했습니다. 한 아들에 얽힌 이 사랑 이야기에 많은 사람은 목숨을 걸었고 또 어떤 사람들은 형언할 수 없는 감동과 사랑을 느낍니다.

　　고신일 목사님은 이 값진 이야기에 집중했습니다. 상투적인 답일 수도 있겠으나 이유는 간단합니다. 그럴 만한 가치가 있기 때문입니다.

　　요한복음 3장 16절이라는 짧은 말씀에 꼭 필요한 근육과 영양가 높은 살을 붙여 귀한 책을 탄생시킨 고신일 목사님은 그 누구보다 복음의 가치를 잘 아는 목회자입니다. 독생자를 주신 하나님의 사랑을 경험한 학자입니다. 하늘에서 누릴 영원한 생명을 소망하는 그리스도인입니다.

　　그래서 기대합니다. 추천합니다. 많은 그리스도인이 이 책을 통해 하나님의 이름을 부를 때마다 감격하는 뜨거운 신앙을 회복하기를, 또 믿음 없는 많은 사람이 이 책을 읽어 예수 그리스도를 만나게 되기를 소망합니다.

기독교대한감리회 중부연회 가홍순 감독

아, 그 시절의 감격을 되살려준 책

신학대학에 갓 입학했을 당시, 어느 교수님의 질문이 기억납니다.

"성경은 구약 39권, 신약 27권, 합(合)이 66권입니다. 장(章)수는 1,189장이고, 절(節)수는 모두 31,102절입니다. 그렇다면 성경은 모두 몇 글자입니까?"

우물쭈물 아무도 답을 못하고 있을 때, 교수님은 "두 글자입니다. 성(聖)과 경(經)입니다"라고 하셨습니다.

조금 유치하기는 했지만 모두 즐겁게 웃었습니다. 그런데 진짜 하고 싶으셨던 말씀은 다른 데 있었습니다. 성경에 담긴 수많은 말씀을 단 한 절로 압축한 말씀이 있는데, 그게 뭔지 답해보라는 것이었습니다. 아무도 대답하지 못했습니다. 그러자 교수님은 묵묵히 칠판에 이렇게 쓰셨습니다.

"요한복음 3장 16절!"

고신일 목사님의 책을 받아든 순간, 마치 그때 그 강의실에 앉아 있던 생각이 절로 났습니다. "그렇구나. 까맣게 잊고 살았구나!"

요한복음 3장 16절 말씀만으로도 은혜와 감격이 넘치건만 각 장마다, 각 페이지마다 드러나는 고신일 목사님의 통찰력과 말씀 해석은 요한복음 3장 16절을 본문으로 '다시' 설교해야겠다는 결심을 서게 만들었습니다.

그래서 저는 모든 후배 목회자에게 주저 없이 이 책을 추천합니다. 무엇보다 식어졌을지 모를 하나님 사랑과 구원에 대한 감격을 회복하며, 성도들에게도 처음 믿을 때의 기쁨과 열정을 되살려줄 말씀이 될 것입니다. 하나님이 우리 한 사람, 한 사람을 얼마나 사랑하시는지를 깨닫게 할 것입니다. 이 책을 통해 한국교회와 강단에 새 바람이 일어나기를 소망합니다.

기독교대한감리회 중부연회 원로목사회 회장 주봉택 목사

복음으로 가득한…

"이는 마음에 가득한 것을 입으로 말함이라". ✝ 마 12:34

예수님은 우리가 마음에 가득한 것을 입으로 말한다고 하셨습니다. 우리 마음에 무엇이 가득 차 있느냐에 따라 입으로 나오는 말이 달라집니다. 원하던 대학에 합격했거나, 좋은 직장에 취업했거나, 결혼 날짜를 잡는 등 좋은 일이 생긴 사람은 주위 사람들에게 그 일을 말하고 싶어서 입이 간질간질할 것입니다.

고신일 목사님은 마음속에 '복음'으로 가득 찬 것 같습니다. 그분은 입만 열면 복음에 대해 말하고, 설교 전에는 교인들과 함께 성경을 높이 들고 이렇게 외칩니다. "저는 예수 믿어 구원받았습니다. 저는 예수 믿어 하나님 자녀 되었습니다. 저는 예수 믿어 천국 백성 되었습니다."

자신의 마음속에 가득한 '예수 믿어 구원받았다'는 복음의 정수(精髓)를 성도들에게 전하고 싶기 때문이라고 생각합니다. 그뿐만이 아니라 어린아이들도 눈 감고 외운다는 요한복음 3장 16절로, 수없이 많은 설교를 하셨습니다. 그리고 이렇게 책으로까지 낸 것을 보면 그의 마음에 무엇이 가득 차 있나 쉽게 알 수 있습니다.

시간이 갈수록 복음의 본질이 흐려지는 것을 느끼게 됩니다. '예수님이 우리를 구원하시기 위해 이 땅에 오셨다는 소식'을 예쁜 포장지로 싸다 보니 핵심 내용은 보이지 않게 되었고, 사람들은 겉모양에 현혹되기도 합니다. '이것이 복음이다'라는 광야의 외침도 듣기 쉽지 않은 시대를 살아가고 있습니다.

복음으로 가득 찬 고신일 목사님의 목소리에 귀를 기울여 보기 바랍니다. 이 책을 읽는 독자들도 마음속이 '예수님'으로 가득 차게 될 것을 믿어 의심하지 않습니다.

주안교회 한상호 목사

하나님의 사랑은, 반복되어야 한다

종종 목회자를 위한 세미나에 강사로 초빙되어 가면 꼭 던지는 질문이 있습니다.

"요한복음 3장 16절을 본문으로 언제 설교하셨습니까?"

그럴 때마다 "언제 그 본문으로 설교했는지 기억이 가물가물하다"는 목사님들이 계십니다. 또한 "성도들이 잘 아는 본문이라 지겨워할 수도 있어서"라며 이런저런 이유를 들어 요한복음 3장 16절을 본문으로 설교하기가 쉽지 않다고 합니다.

그런 분들을 향해 저는 "끊임없이 반복하십시오. 그것이 사랑입니다. 그

것은 안전을 위한 목자의 마음이 되어야 합니다"라고 말합니다.

> 너희에게 같은 말을 쓰는 것이
> 내게는 수고로움이 없고
> 너희에게는 안전하니라. ✝ 빌 3:1

반복이 사랑입니다. 사랑하면 반복하여 가르칩니다. 우리 부모들을 보면 알 수 있습니다. "차 조심해라, 친구 조심해라, 낯선 사람 따라가지 마라, 외출했다가 돌아오면 손발 씻어라, 이를 닦아라" 등 끊임없이 반복해서 말씀하십니다. 그뿐인 가요? "공부해라, 정직해라, 겸손해라, 열심히 해라" 등 귀에 못이 박히도록 말씀하고 또 말씀하십니다. 왜 그러실까요? 평범하지만, 삶에서 반드시 실천해야 하기 때문입니다.

신앙생활도 마찬가집니다. 가르칠 것은 쉬지 말고 가르쳐야 하고, 강조해야 할 것은 끊임없이 강조해야 합니다. 그래야 하나님의 뜻을 벗어나지 않고 성도들이 하나님 마음에 합한 삶을 살아갈 수 있습니다.

그러므로 요한복음 3장 16절 말씀은, 언제 어디서나 누구에게든지 귀에 들려

져야 하며, 그것을 마음에 새겨야 하고, 입술로 고백해야 합니다. 왜냐하면 기독교 신앙의 정수이기 때문입니다.

> 말씀을 듣고 마음으로 믿어 입으로 시인할 때,
> 구원을 받는 것입니다(롬 10:10).

요한복음 3장 16절은 신앙생활의 가장 기본입니다. 기본은 변할 수 없으며, 항상 지켜져야 하고, 반복해서 비추어 보아 점검하는 지표가 되어야 합니다.

요즘 청소년들 사이에서 교복처럼 입고 다녀 사회적으로 이슈가 됐던 의류가 있습니다. 그 의류 회사의 신년 화두가 "기본으로 돌아가자"라고 합니다 (2011.02.23. 매일경제, 인터넷 기사 참조). 사업이 잘되고, 장사가 잘되고, 잘 나갈 때 오히려 기본을 잃지 않는 것이 중요함을 강조하는 좋은 예입니다.

세상도 기본을 중요시 여기는데, 영혼 구원 문제는 더욱 '기본'을 중요하게 여겨야 하지 않을까요? 이것이 제가 요한복음 3장 16절을 끊임없이 강조하여 가르치고 설교하며 책까지 내게 된 이유입니다.

이 책을 통해 신앙인들이 은혜와 감격 그리고 열정과 눈물을 회복하는 계기가 되고, 믿지 않던 사람들이 지극하신 하나님의 사랑을 발견하고 돌아오며, 한국 교회가 잃었던 첫사랑을 회복하는 데 작으나마 보탬이 되기를 소망합니다.

이 책이 나오기까지 원고를 정리하고 다듬어 준 이소진 집사님, 늘 나의 말을 경청하고 격려해 주는 아내, 이런저런 일들로 시간을 보내고 마음 써 준 장승권 목사님과 안원섭, 김희중 전도사님, 그리고 넥서스크로스 직원들에게 감사드립니다.

저자 고신일

차례

3^장 예수님짜리

4^장 믿는 자마다

5^장 얻으리라

요 3:16

1장

들어갈 수 없느니라

표적을 구하는 신앙

요한복음 2장에 보면, 예수님은 '갈릴리 가나'라는 동네의 한 혼인 잔칫집에 가셔서 물을 포도주로 바꾸시는 기적miraculous sign–NIV을 행하셨다. 그로부터 얼마 지나지 않아 예수님은 유월절을 보내기 위해 예루살렘으로 가셨다(요 2:11~13).

유월절

유월절은 히브리어 '페사흐'(חספ)에서 파생된 단어로, '넘어가다'는 의미다. 그리고 출애굽 당시 하나님이 애굽의 초태생은 모두 죽이셨으나 문설주에 피를 바른 이스라엘 백성의 장자는 죽음을 면하게 하신 것을 기억하며 가족과 함께 나누는 축제다. 초막절, 칠칠절과 함께 유대 3대 절기 중의 하나인(신 16:1~8) 유월절은 7일간 지속되는데, 공식적인 희생 제물을 드리며 개인은 누룩 없는 빵을 일주일간 먹는다(출 12:15).

첫 번째 유월절

모세는 이스라엘 회중에게 각 가족대로 첫 달 10일에 어린양을 취하라고 명령하였으며(출 12:3~4), 14일 밤에 그 양을 잡아(출 12:6) 우슬초 묶음에 피를 적시어 집의 좌우 문설주와 인방에 바르고(출 12:7, 22) 고기는 불에 구워 무교병과 쓴 나물과 먹고, 남은 것은 불에 태우도록 하였다(출 12:8~10).

✛ 두란노 비전성경사전 참조

예수님 당시의 사람들은 유월절이 되면 예루살렘으로 모여들었다. 예수님도 예루살렘에 가셔서 성전에서 장사하던 사람들을 쫓아내셨고(요 2:13~17), 많은 표적을 행하셨다(요 2:23). 수많은 사람이 예수님이 행하신 기적을 보았고, 그 소문은 예루살렘에 모여든 사람들에게 전해졌다.

그러던 어느 날 밤, 니고데모라는 사람이 예수님을 찾아왔다(요 3:1~2). 니고데모는 '바리새인'이었는데 당시 바리새인들은 율법을 엄격히 지키는 영향력 있는 사람들이었다. 마태, 마가, 누가, 요한복음에 예수님과 바리새인 간의 갈등이 자주 등장해 '바리새인은 무조건 나쁜 사람들'이라고 오해할 수도 있다. 그러나 그들 중에는 대율법학자나 경건한 지도자가 많았기 때문에 당시 일반 유대인들에게 존경받기도 했다(막 15:43; 행 5:34).

니고데모도 '유대인의 지도자'였다. 즉 유대 최고 통치기구인 산헤드린 의회 의원이었다. 신분이 높고 경건생활을 추구하던 니고데모가 다른 사람들의 시선이 신경 쓰였는지 어둔 밤에 예수님을 찾아갔다. 그리고 "랍비여 우리가 당신은 하나님께로부터 오신 선생인 줄 아나이다 하나님이 함께하시지 아니하시면 당신이 행하시는 이 표적을 아무도 할 수 없음이니이다"(요 3:2)라고 하며 예수님과 이야기하기 시작했다. 니고데모가 예수님을 "하나님께로부터 오신 선생"이라고 한 것은 예수님의 영적 권위를 인정한 표현이었다. 모두가 고개 숙일 만한 높은 자리에 있던 니고데모가 시골 청년 예수에게 최고의 칭송과 공손한 인사를 하며 가르침을 받기 원했던 것이다. 그는 예수님이 행하신 기적을 보니 "하나님으로부터 오신 선생"이 틀림없다고 했다. 언뜻 보면 니고데모는 예수님을 통해 하나님이 역사하고 계심을 알아차린, 깨어 있는 사람처럼 보인다. 그러나 기적을 보았기 때문에 놀라는 것은, 말 그대로 놀란 것이지 믿음이 아니다. 기적 때문에 쫓아다니는 것은 믿음이 아니다.

예수님의 제자들은 3년 동안 예수님을 쫓아다니면서 병자들이 고침을 받고, 귀신이 쫓겨나고, 자연현상이 다스려지고, 죽은 사람이 살아나는 등 수많은 기적을 보았다. 그러나 예수님이 십자가에 달리실 때 그렇게 많은 기적을 보았던 제자들은 모두 도망가 버렸다. 3년 동안 본 예수님의 기적이 부족해서였을까?

이스라엘 백성이 이집트를 탈출할 때 그들 앞에서 홍해가 갈라졌다. 그리고 날마다 만나와 메추라기가 공급되었다. 낮에는 구름기둥, 밤에는 불기둥이 인도하는 것을 보았다. 마실 물이 없을 때 반석에서 물이 솟는 기적도 체험했다. 그런데 매일 매일 기적을 체험했던 그들은 하나님을 온전하게 믿고 순종하지 못했다.

그 결과 홍해를 건넜던 사람들은 가나안 땅에 들어가지 못한 채 광야에서 모두 죽었다. 그 후손들과 여호수아, 갈렙만이 가나안 땅에 들어갔다.

그들이 기적을 보지 못해서 의심했을까? 기적을 구하는 신앙은 끊임없이 흔들리고 또 새로운 기적을 찾고 또 찾을 뿐이다.

대부분의 사람은 어려운 일을 당하면 '하나님, 이번 일만 해결해 주신다면 제가 하나님 뜻대로 살겠습니다. 이번 일만 피하게 해 주시면 잘 믿을 게요'라고 기도한다.

특히 병원에 입원한 사람들이 "목사님, 이번에 고침을 받으면 다시는 옛날처럼 살지 않겠습니다"라고 쉽게 약속을 하는데, 나는 그들의 말을 잘 믿지 않는다. 왜냐하면 여러 번 속았기 때문이다. 그들이 퇴원해 봐야 안다. 퇴원해서도 어떻게 사는지 두고 봐야 안다. 대부분 몸이 건강해지면 금방 의심하고 또 흔들리기 때문이다. 이처럼 기적 때문에 믿는 믿음은 온전한 믿음이 아니다.

거듭나지 아니하면

기적에 대한 소문을 듣고 밤에 찾아온 니고데모에게 예수님은 "진실로 진실로 네게 이르노니 사람이 거듭나지 아니하면 하나님의 나라를 볼 수 없느니라"(요 3:3)고 말씀하셨다. 여기서 '보다'는 '어떤 물체를 눈으로 본다'는 의미보다는 '경험하다'는 의미에 더 가깝다. '가 – 보다, 먹어 – 보다, 해 – 보다, 입어 – 보다'라는 말이 모두 '경험하다'는 의미인 것과 같다.

예수님은 거듭나야 하나님 나라를 경험할 수 있다고 하셨다. 그러나 니고데모는 "거듭나야" 한다는 예수님의 말씀을 제대로 이해하지 못했다. 그래서 "사람이 늙으면 어떻게 날 수 있사옵나이까 두 번째 모태에 들어갔다가 날 수 있사옵나이까"(요 3:4)라고 질문했다. 니고데모는 당시 최고의 교육을 받은 엘리트였다. 그런 그가 "늙은 사람이 어떻게 엄마 뱃속에 다시 들어가 태어날 수 있느냐"며 어린아이들이나 할 수 있는 질문을 했다.

지금까지 니고데모는 하나님으로부터 의롭다고 인정받는 방법은 율법을 잘 지키는 것뿐이라고 생각했다. 그래서 그는 삶의 목표를 율법을 어기지 않는 것으로 알고 살았다.

그러나 예수님은 의로워지려는 노력으로 하나님 나라를 볼 수 있는 것이 아니라 '거듭나야 한다'고 하셨다. 예수님이 '거듭나야 한다'고 하신 것은, 부모에게서 태어나는 자연적 태생이 아니라 영적으로 새롭게 되는 것을 말한다. "사람이 물과 성령으로 나지 아니하면 하나님의 나라에 들어갈 수 없느니라"(요 3:5)고 말씀하신 것이 바로 그 의미다.

세례 요한은 "회개하라"(마 3:2)고 선포하면서 그에게 나아온 사람들에게 물로 세례를 주었다. 그러나 예수님은 하나님 나라에 들어가기 위해서는 물로 씻김을 받는 세례뿐 아니라 성령으로 다시 태어나야 한다고 하셨다. 왜냐하면 거듭남은, 사람의 능력으로 되는 것이 아니라 성령님의 역사로 되는 것이기 때문이다.

거듭남은 우리가 노력한다고 되는 것이 아니다(요 3:8). 우리를 긍휼히 여기시는 하나님의 은혜로만 가능하다(롬 9:16). 착한 일을 많이 하면 구원받을 수 있다고 생각하는 사람들도 있다. 그러나 그들은 얼마나 큰 선행을 해야 구원받을 수 있는지 분명하게 말하지 못한다.

물론 양심을 지키고 선하게 살아야 한다. 많이 벌었다면 하나님에게 풍성히 드리고, 이웃의 어려운 사람들에게 나눠 주며, 세상의 빛 되고 소금된 삶을 살아야 한다. 그러나 인간이 선을 많이 행한다고 해서, 가만히 앉아서 생각을 많이 한다고 해서 죄의 문제를 해결할 능력이 생기는 것은 아니다. 인간의 구원 문제는 전적으로 하나님에게만 달려 있다. 에베소서 2장 8절에 보면, "너희는 그 은혜에 의하여 믿음으로 말미암아 구원을 받았으니 이것은 너희에게서 난 것이 아니요 하나님의 선물이라"고 했다.

사람이 태어나는 것은 스스로 선택해서, 노력해서 되는 것이 아니다. 만약 선택해서 출생할 수 있었다면, 왜 먹을 것도 없고, 입을 것도 없는 6·25 직후에 사람들이 태어나서 전쟁 고아가 되고, 이산 가족이 되어 전쟁의 아픔을 겪었겠는가? 그리고 60년 만에 찾아온 '흑룡의 해'(임진년)라고 그 해에 무조건 태어날 수 있을까? 결국 우리는 선택해서, 노력해서 태어날 수 없다.

탄생의 대가는 모두 어머니가 치른다. 입덧으로 고생하며 열 달 동안 뱃속에서 키우고 극심한 고통 가운데 아이를 낳는다. 출산의 고통을 감당한 어머니 덕분에 아기가 태어나는 것이다. 그렇게 고통 속에서 태어나면 끝인가? 옷 입는 것, 밥 먹는 것 등 스스로 할 수 없는 아기를 위해 어머니는 하나부터 열까지 모두 챙

겨 준다.

영적으로 거듭나는 것도 마찬가지다. 우리가 할 수 있는 것은 없다. 우리가 거듭나는 것은 전적으로 하나님에게 달린 것이고, 그 대가 역시 하나님이 감당하신다.

"죄의 삯은 사망"(롬 6:23)이라고 했다. 죄인인 우리는 마땅히 죽어야 한다. 그런데 죄의 대가인 죽음을 누가 치렀는가? 하나님이 독생자를 보내셔서 십자가에 달려 죽게 하셨다. 그렇다면 우리가 할 일은 무엇인가? 하나님의 부르심에 응답하고 예수님을 구주로 영접하면 된다. 우리는 예수님을 믿어 구원받았음을 믿으면 된다. 구원은 예수님을 믿으므로 얻는 것이다. 이것은 비밀이 아니다.

요즘 '죄 사함'이 비밀이라고, '거듭남'이 비밀이라고 하는 이상한 사람들이 있다. 하지만 절대 비밀이 아니다. 예수님은 누구든지 믿으면 구원받는다고 선언해 주셨다. 심지어 하나님 나라까지 〈요한계시록〉을 통해 다 보여 주셨다. 다만 우리의 지혜가 부족하여 깨닫지 못할 뿐이다. 하나님 나라와 하나님 나라에 가는 방법, 죄 사함과 거듭남에 대한 것을 다 알려 주셨다. "누구든지 믿으면 멸망하지 않고 영생을 얻는" 것이다.

우리는 세상으로 향하던 발걸음을 하나님에게로 돌려 예수님을 믿는 사람으로 살면 된다. 그렇게 예수님을 믿어 거듭난 사람은 이전의 모습을 버려야 한다. 찬송가 289장(통 208)에 "주 예수 내 맘에 들어와 계신 후 변하여 새사람 되고"라고 했듯이, 예수님 이 내 안에 들어오셨다면 변하여 새사람이 되어야 한다.

우리가 예배의 자리에 있는 것 자체가 기적이다. 예수 믿는 구원의 확신이 없다면 예배의 자리에 와서 앉아 있겠는가? '가정의 평화를 위해 억지로 교회 왔다'고 하는 사람들도 있으나, 그것도 기적이다.

언젠가 금요심야기도회를 인도하기 위해 교회 비전센터 엘리베이터를 탔는데, 집사님 한 분이 "아, 목사님! 기적이 일어났습니다"라고 했다. 나는 앉은뱅이가 일어나는 기적이라도 있었나 해서 무슨 기적이냐고 물었다. 그랬더니 남편이 처음으로 심야기도회를 나왔다는 것이다. 그것도 53년 만에 처음으로 교회에 나왔다는 것이다. 그 집사님 남편이 심야기도회에 나온 것 자체가 그 가정에 일어난 기적이었다.

예수 믿어 구원받은, 거듭난 우리는 하나님이 "보시기에 심히 좋았더라"(창 1:31)고 하셨던 처음의 모습을 회복해야 한다. 그래야 새사람이 된다. 물론 우리가 거듭났다고 해서 겉으로 드러나게 달라지는 것은 아니다. 갑자기 젊어지거나, 몸무게가 줄거나, 외모가 바뀌는 것이 아니라는 말이다. 겉모습은 달라지지 않지만 – 속사람이 이전과 전혀 다른 – 하나님의 형상을 따라 새로워진다.

한국 초대교회에 김익두라는 목사가 있었다. 그는 예수님을 믿고 회개한 다음 맨 처음으로 사람들에게 자신의 부고장을 돌렸다.

"김익두는 죽었다."

부고장은 '○○○이(가) 죽었으니 ○월 ○일 ○시에 입관/발인한다'라고 적혀 있는, 사람의 죽음을 알리는 것이다. 사람들은 깡패 김익두가 죽었다는 부고장을 받고 모두 기뻐했다. 평소에 그가 얼마나 잔인하고 못된 일을 많이 저질렀으면 사람들이 그렇게 좋아했었겠나.

그러던 어느 날, 시장 한복판에 죽었다던 김익두가 나타났다. 목사가 된 그의 손에는 시커먼 성경책 하나가 들려 있었다. 그의 등장에 사람들은 놀라기도 했지만 어떤 사람은 변화된 그를 시험해 보려고 지나가는 김익두 목사에게 물 한 통을 끼얹었다. 그런데 아무렇지도 않다는 듯이 물을 툭툭 털고는 물 끼얹은 사람을 쳐다보면서 이렇게 말했다.

"너는 옛날 김익두가 죽었다는 그 사실을 기뻐해라. 살았다면 너는 요절이 났을 것이다."

〈이동원 목사 예화 참조〉

예수 믿는 우리도 새롭게 되어 훗날 하나님의 부르심을 받아이 세상을 떠났을 때, 사람들이 "참 아까운 사람, 구원받은 하늘 사람이 죽었다"는 말을 들을 만한 삶을 살아야 한다.

변화받아 분별하도록 하라

하나님의 은혜로 거듭난 새사람이 되었음을 믿는다면 새사람답게 살아야 한다. 누구를 만나든지, 가정, 일터, 학교, 어떤 모임에 가든지 하나님의 사랑을 전하며 베푸는 사람이어야 한다.

> 우리는 형제를 사랑함으로 사망에서 옮겨 생명으로 들어간 줄을 알거니와 사랑하지 아니하는 자는 사망에 머물러 있느니라. ✝ 요일 3:14

새사람은 새로운 마음으로 변화받은 사람을 말한다. 로마서 12장 2절에 보면 "너희는 이 세대를 본받지 말고 오직 마음을 새롭게 함으로 변화를 받아 하나님의 선하시고 기뻐하시고 온전하신 뜻이 무엇인지 분별하도록 하라"고 했다. 예전에는 자기 마음대로 살았더라도 거듭났다면 마음을 새롭게 하여 하나님의 뜻대로 살아야 한다.

하나님의 뜻대로 살려면 관심이 달라져야 한다. 로마서 8장 5절에 보면 "육신을 따르는 자는 육신의 일을, 영을 따르는 자는 영의 일을 생각"한다고 했다. 또 성경은 우리의 생명이 안개와 같다고 했다.

> 내일 일을 너희가 알지 못하는도다 너희 생명이 무엇이냐 너희는 잠깐 보이다가 없어지는 안개니라. ✝ 약 4:14

잠깐 보이다가 없어지는 안개와 같은 것이 우리 인생이다. 하나님이 우리를 부르시면 모든 것을 내려놓고 이 세상을 떠나야 한다. 명예, 재산, 미모, 권세, 지식 등 그 어떤 것도 움켜쥐고 갈 수 없다. 어떤 것도 내 것이 아니다. 하나님은 우리 나이가 몇 살이고, 공부는 어디까지 했고, 돈은 얼마나 벌었는가를 가지고 사랑하시지 않는다. 우리의 모습 그대로를 받으신다.

주목받는 CEO 중에 조서환 전 KTF 부사장이 있다. 조서환 부사장은 아이디어가 많아 휴대전화 번호이동 서비스, 샴푸와 린스를 합친 'ㅇㅇㅇ 샴푸', 20세의 치아를 80세까지 유지하라는 'ㅇㅇㅇㅇ치약', 휴대전화 서비스 'ㅇ를 하라 ㅇ!' 등 여러 히트상품을 제조했다.

그는 23살 때 육군 소위로 임관해 군 생활을 하다 불의의 사고로 오른손목을 잃었다. 그 당시 그에게는 여자 친구가 있었는데, 그녀는 병원 옆으로 이사 와서 병간호를 해 주었다. 여자 친구의 넘치는 사랑 덕분에 그는 손을 잃은 슬픔을 극복할 수 있었다.

그러던 어느 날, 여자 친구의 아버지가 나타나 그녀를 끌고 가려 했다. 저항하는 딸에게 아버지는 그 남자를 택할 것인지, 집으로 갈 것인지 둘 중 하나를 선택하라고 강요했다. 그때 그녀는 "만약 아버지가 손을 잃었다면 엄마가 어떤 태도를 보이기 원하세요? 저는 이 남자의 전부를 사랑한 것이지, 손을 사랑한 것이 아닙니다"라고 대답했다. 조서환 부사장은 그때부터 '평생 이 여자만을 행복하게 해 주며 살겠다'는 결심을 했다. 사랑에 빚진 자가 된 것이다.

〈2008.02.27 《국민일보》 참조〉

하나님은 우리가 어떤 자격을 갖춰서 사랑하시는 것이 아니다. 우리 모습 그대로, "주는 그리스도시요 살아계신 하나님의 아들이시니이다"(마 16:16)라고 신앙고백하는 우리를 그분의 자녀 삼아 주시고 구원받은 백성 되게 하셨다.

그러므로 독생자를 주신 하나님 사랑에 빚진 우리는 범사에

하나님을 기쁘시게 하며, 하나님과 사람 앞에 부끄러움 없는 하
나님 마음에 합한 삶을 살아야 한다.

표적을 구하는 신앙

예수님을 3년 동안 쫓아다니면서 많은 기적을 본 제자들은 정작 예수님이 십자가에 달리실 때 어땠는가? 홍해의 기적을 체험했지만 하나님을 온전히 믿지 않았던 이스라엘 백성의 최후는 어땠는가? 기적 때문에 믿는 믿음은 진정한 믿음이 아니다.

거듭나지 아니하면

예수 믿어 구원받은, 거듭난 우리는 하나님이 "보시기 좋았더라"고 하셨던 처음의 모습을 회복해야 한다. 그래야 새사람이 되는 것이다. 물론 거듭난 새사람은 겉모습이 아닌 속사람이 이전과 전혀 다른, 하나님의 형상을 따라 새로워지는 것이다.

변화받아 분별하도록 하라

새사람은 새로운 마음으로 변화받은 사람이다. 예전에는 내 마음대로 살았지만 거듭난 사람은 마음을 새롭게 하여 하나님의 뜻대로 살아야 한다. 그리하여 하나님 앞에, 사람 앞에 부끄러움 없는 하나님 마음에 합한 삶을 살아야 한다.

요 3:16

이처럼 사랑하사

하나님은 왜 세상을 사랑하실까? 하나님이 친히 세상을 만드셨기 때문이다. 성경에 제일 처음 나오는 말씀이 "태초에 하나님이 천지를 창조하시니라"(창 1:1)이다. 성경에 수많은 말씀이 있지만 가장 첫 번째 나오는 이 말씀을 믿지 못하면 다른 모든 것도 믿지 않는 것이다. 이것은 믿어지는데, 저것은 믿어지지 않는다는 말은 "믿음이 없다"는 것으로서, 성경 첫 문장부터 믿지 않는다는 뜻이다.

어떤 사람은 이 세상이 아주 오래 전에 큰 폭발로 인해 순간적으로 만들어졌다고 한다. 지금의 생명체들은 단세포가 오랜 시간에 걸쳐 세포 분열을 거듭한 끝에 진화한 것이라고도 주장한다.

그렇다면 아무것도 없는 사막 한가운데에서 차 한 대가 발견되었다고 하자. 그 차를 보고 어떤 사람이 '누가 차를 여기까지 몰고 와서 두고 갔나? 아니면 헬리콥터로 옮겨 놓았나?'라고 생각했다면 그 사람은 정상이다. 그런데 앞서 말한 진화론을 주장하는 사람들은 '그것은 사막에서 화학 반응이 일어나 우연히 한 물체가 생기더니 그것이 수만 년 동안 뜨거운 태양과 바람을 맞으며 타이어가 생기고, 핸들이 생기더니, 연료통에 연료가 채워져 움직이는 자동차가 된 것이오!'라고 생각하지 않을까?

어느 목사님 말씀처럼, 인천공항에 씩씩하고 푸르뎅뎅한 대한항공 비행기와 어여쁜 색동 표시를 한 아시아나 비행기가 오래오래 함께 있으면서 세월이 지나고 또 지나면 그 옆에 어여쁜 헬리콥터가 생기는가?

하나님이 천지를 창조하신 것을 믿지 않는 것은 무지함 때문이고, 마음이 굳어져 믿으려 하지 않기 때문이다. 에베소서 4장 18절에 보면, "그들의 총명이 어두워지고 그들 가운데 있는 무지

함과 그들의 마음이 굳어짐으로 말미암아 하나님의 생명에서 떠나 있도다"라고 했다.

즉 우리가 거듭난 새사람이 되기 위한 으뜸 조건은, 하나님이 계신 것과 이 세상을 창조하신 것을 믿는 것이다. 이 사실이 믿어져야 하나님이 나를 만드셨고, 내게 생명 주셨으며, 나를 사랑하셔서 죗값을 대신 치르기 위해 독생자를 보내셨고, 예수님이 나를 위해 십자가에 피 흘려 죽으심으로 내가 예수 믿어 구원받아 영생의 주인공이 된다는 진리를 믿을 수 있다.

"내 것"이라는 사랑

하나님은 우리를 만드셨을 뿐만 아니라 "내 것"이라고 말씀하셨다. 이사야 43장 1절에 보면, "야곱아 너를 창조하신 여호와께서 지금 말씀하시느니라 이스라엘아 너를 지으신 이가 말씀하시느니라 너는 두려워하지 말라 내가 너를 구속하였고 내가 너를 지명하여 불렀나니 너는 내 것이라"고 했다. "내 것"이라는 말 속에는 '소중하다'와 '빼앗기지 않겠다'는 의지가 포함되어 있다.

사람들 사이에서도 "내 것"이라고 말할 때가 있다. 특히 사랑하는 사람들끼리는 서로를 "내 것"이라고 말한다. 사랑하는 사이

가 아닌데 "너는 내 것이다"라고 한다면 "넌 내 물건이야. 내 종
이야. 내 노예야"라는 표현이다. 또 "내 것"이라는 것은 '독점하
겠다'는 의지의 표현이다. 연인들이 "자기는 내꺼야"라는 말 뒤
에 하는 말이 무엇인가? "한눈팔면 각오해(가만 안 둔다)"다.

출애굽기 20장 5절에 보면, "그것들에게 절하지 말며 그것들
을 섬기지 말라 나 네 하나님 여호와는 질투하는 하나님"이라고
했다. 하나님도 우리를 독점하시겠다고 선포하셨다. 그래서 하나
님 이외의 신들을 곁에 두지 말고(출 20:3), 우상을 만들지도, 어떤
형상을 만들어 그것에 절하지도 말라고 하셨다(출 20:4~5). 하나님
은 우리가 그분보다 더 사랑하는 어떤 것도 싫다고 하셨다. 이유
는 단 한 가지다. "하나님이 우리를 사랑하시기 때문"이다.

하나님은 이처럼 어떤 것과도 비교할 수 없는 큰 사랑으로 우
리를 사랑하신다. 우리가 그 사랑을 받고 사니 얼마나 감사한 일
인가!

져 주는 사랑

창세기 32장을 보면, 야곱이 외삼촌이자 장인인 라반의 집
을 떠나 형 에서에게로 돌아가는 장면이 나온다. 아버지를 속이

고 장자에게 허락된 축복을 가로챈 일로 외삼촌 집으로 도망한 지 20년 만에 야곱은 형 에서에게로 돌아가는 것이다. 그러니 야곱에게 두려움과 걱정이 앞서는 것은 당연했다. 오랜 시간이 흐르기는 했어도, 형의 분이 다 풀렸으리라는 보장도 없었고, 최악의 경우에는 형이 자신을 죽일지도 모를 일이었다.

그래서 야곱은 형의 마음을 풀기 위해 선물을 앞서 보내고, 자신의 재물과 종, 아내와 자녀를 뒤따라 보냈다. 그렇게 홀로 남은 야곱에게 하나님의 사자가 나타났다. 야곱은 "내게 축복하지 아니하면 가게 하지 아니하겠나이다"(창 32:26) 하며 날이 새도록 씨름했다. 밤새도록 한 그 씨름에서 누가 이겼는가?

창세기 32장 28절에 보면, "네 이름을 다시는 야곱이라 부를 것이 아니요 이스라엘이라 부를 것이니 이는 네가 하나님과 및 사람들과 겨루어 이겼음이니라"고 했다. 즉 하나님은 "야곱아, 네가 이겼다"라고 하신 것이다.

어떻게 인간이 하나님과 겨루어 이길 수 있었는가? 답은 하나다. 하나님이 져 주셨기 때문이다. 아버지와 어린 아들이 레슬링을 하면 대부분 아들이 이긴다. 아버지가 져 주기 때문이다. 자신보다 큰 아버지를 이겼다고 기뻐하는 아들을 보기 위해 아버지는 일부러 져 주는 것이다. 그렇지 않고 아버지가 아들을 상대로 이기려고 한다면 그 아버지는 철부지다.

하나님은 우리의 부르짖는 기도에 하나님의 방법으로 응답하신다. 야곱에게 "그래, 네가 이겼다" 하신 것처럼 하나님은 우리를 사랑하시기 때문에 우리의 부르짖음에 응답하신다.

세상을 사랑하사

사람은 누구나 다 사랑받고 싶어 한다. 책이나 인터넷에서 사랑받는 법에 대해 검색해 보면 상황에 따라 자세하게 나와 있다. 그런 것들을 다 읽어 보면 공통된 답이 있다. 많은 공을 들여야 한다는 것이다. 사랑받을 만한 일을 해야 사랑받는다. 그렇지 못하면 사랑을 잃어버린다.

그렇다면 우리는 하나님에게 사랑받을 만한 일을 했는가? 성경은 모든 사람은 죄를 범했고, 그로 인해 하나님에게 등을 돌렸다고 했다.

모든 사람이 죄를 범하였으매 하나님의 영광에 이르지 못하더니. ✛ 롬 3:23

하나님 앞에서, 사람 앞에서 '나는 죄가 없습니다. 회개할 것이 없습니다. 부끄러운 것이 없습니다'라고 말할 수 있는 사람은 아무도 없다. 사도 바울, 성 어거스틴, 성 프란시스 등 수많은 믿음의 선진도 자신을 '죄인 중의 괴수', '망할 자', '죄 덩어리'라고 고백했다.

모든 사람이 죄의 영향권에서 벗어날 수 없기 때문에 예수님이 이 땅에 오셔서 전하신 첫 말씀이 "회개하라 천국이 가까이 왔느니라"(마 4:17)였다. 따라서 죄에 대하여 누구도 예외가 될 수 없다는 것을 인정하는 것이 하늘 백성이 되는 으뜸 비결이다. 죄의 결과에 대해 로마서 5장 12절은 이렇게 말한다.

한 사람으로 말미암아 죄가 세상에 들어오고 죄로 말미암아 … 사망이 모든 사람에게 이르렀느니라.

죄의 문제는 사망, 멸망으로 연결된다. 죄로 인해 죽음의 길, 멸망의 길로 가야 하는 인생이기 때문에 세상 삶이 고통스러운 것이다. 우리는 죄 때문에 하나님에게 사랑받을 자격이 없다. 그러나 하나님은 "그럼에도 불구하고" 우리를 사랑한다고 하셨다. 호세아 3장 1절에 보면, "이스라엘 자손이 다른 신을 섬기고 건포도 과자를 즐길지라도 여호와가 그들을 사랑하느니"라고 했다.

여기서 '건포도를 즐겼다'는 말은 바알숭배와 관련된 진미를 즐겼다는 뜻이다. 그것들은 아스다롯 신에게 바쳐진 떡과 비슷한 것이다(렘 7:18, 44:19). 그런데 이 말씀에 근거한다면, 우리는 누구도 함부로 정죄하거나 포기해서는 안 된다. 왜냐하면 하나님은 이방신을 섬기는 자도, 이방신에게 바쳐진 음식을 즐기는 자도 다 사랑하시고 돌아오기를 기다리시기 때문이다.

하나님은 죽음과 멸망을 향해 가는 우리를 건져내기 원하신다. 요한일서 4장 10절에 보면, "사랑은 여기 있으니 우리가 하나님을 사랑한 것이 아니요 하나님이 우리를 사랑하사 우리 죄를 속하기 위하여 화목제물로 그 아들을 보내셨음이라"고 했다.

"사랑은 여기 있으니This is love!"라는 말은, 우리를 향한 하나님의 사랑이 '먼저 있었다'는 것이다. 그래서 독생자 예수님을 보내셨고, 누구든지 예수님을 믿기만 하면 멸망하지 않고 구원을 받게 하셨다. 어디서 태어났든지, 어떻게 살든지, 얼마나 잘났든지 모든 사람은 죄인이다. 그럼에도 불구하고 하나님은 사람을 한없이 사랑하신다. 그 놀라운 사랑을 표현한 것이 요한복음 3장 16절이다.

하나님이 세상을 이처럼 사랑하사 독생자를 주셨으니 이는 그를 믿는 자마다 멸망하지 않고 영생을 얻게 하려 하심이라. ✝ 요 3:16

하나님은 우리를 사랑하시되 끝까지 포기하지 않으시고 사랑하신다.

영국 스코틀랜드의 작은 교회에 말썽꾸러기 소년이 있었다. 그는 부모를 일찍 여의고 고아원에 맡겨져 자랐는데, 성격이 난폭했다. 어느 날 교회학교 선생님이 남루한 옷을 입고 있는 그에게 옷 한 벌을 선물했다. 그러나 옷을 받은 소년은 "내가 고아원에 산다고 거지인 줄 알아요?"라며 옷을 갈기갈기 찢어 쓰레기통에 버렸다. 선생님은 아무런 대꾸도 하지 않았다. 그리고 소년에게 다시 새 옷을 선물했다. 옷을 받은 소년은 이번에도 창밖으로 던져 버렸다. 그때 모두가 소년을 가리켜 구제불능이고, 사랑을 줄 필요가 없다고 말했다. 그러나 선생님은 소년이 마음의 문을 열고 사랑을 받아들일 때까지 기다렸다. 결국 교회학교 선생님의 사랑에 소년은 마음의 문을 열어 예수님을 영접하고 새사람이 되었다. 이 소년이 영국에서 파송한 최초의 중국 선교사 로버트 모리슨Robert Morrison, 1782~1834이다. 한 선생님의 사랑과 기다림이 중국 기독교 역사에 가장 큰 영향력을 끼친 인물을 탄생시켰다.

〈생명의 삶 플러스 2008년 5월호 참조〉

아무리 자식들이 속을 썩여도 그들을 포기하면 안 된다. 속을 썩이는 제자들도 포기하면 안 된다. '너 이다음에 뭐가 될래?'라고 함부로 말하면 안 된다. 하나님이 어떻게 쓰실지 모르기 때문이다.

미국에 있는 여동생에게 야곱이라는 아들이 있다. 야곱이 어렸을 때 한국말도 배울 겸 한국에 온 적이 있다. 그때의 야곱은 도대체 설명이 안 되는, 대책이 없는 아이였다. 한번 울기 시작하면 마치 개구리를 잡아서 땅에 던졌을 때 쭉 뻗어 있듯이 바닥에 엎드려 쭉 뻗고는 손끝, 발끝을 부르르 떨면서 울었다. 달래고 얼러도 해결이 안 되는 아이였다. 나는 살면서 그렇게 우는 아이를 그전에도 후에도 본 적이 없다.

한번은 자동차 뒷자리에 야곱을 태우고 강변도로를 운전하며 가고 있는데, 야곱이 내가 운전할 수 없을 정도로 또 울기 시작했다. 외삼촌이 돼서 나쁜 마음을 가지면 안 되지만 차를 강가에 세우고 아이를 집어 던지고 싶을 정도였다. '어휴, 저거 이다음에 뭐가 되려나, 사람 구실을 하겠나' 하는 생각이 들었다. 그런데 30여 년이 흐른 지금은 얼마나 멋진 신사가 되었는지 모른다.

몇 해 전에 그 야곱이 결혼하는데 외삼촌인 내가 꼭 주례를 해 줘야 한다기에 미국에 갔었다. 그리고 야곱에게 "어렸을 때 네가 어땠는지 아니?" 하며 어린 시절 이야기를 해 주었더니 가만히

들고 난 후에 나를 빤히 쳐다보며 "삼촌! 제가 어린 시절을 기억하지 못한다고 해서 함부로 저에 대해 말씀하시면 안 되죠" 하는 것이었다.

함부로 아이들의 장래를 예측하며 말하지 말고 참고 기다려야 한다. 하나님은 우리를 사랑하시기 때문에 참고 기다리신다. 하나님은 우리가 마음의 문을 열고 하나님의 사랑을 받아들이기까지 참으시고 져 주시며 기다리시는 것을 믿어야 한다.

베드로후서 3장 9절에 보면, "주께서는 … 오래 참으사 아무도 멸망하지 아니하고 다 회개하기에 이르기를 원하시느니라"고 했다. 요한복음 3장 17절에 보면, "하나님이 그 아들을 세상에 보내신 것은 세상을 심판하려 하심이 아니요 그로 말미암아 세상이 구원을 받게 하려 하심이라"고 했다. 하나님은 우리에게 심판자로 머물러 계시기를 원하지 않으신다. 하나님은 우리에게 구원자가 되고 아버지가 되기를 원하신다. 우리는 이렇게 하나님의 큰 사랑을 받고 있다.

살아 계신 하나님을 믿는가? 하나님이 천지를 지으신 것을 믿는가? 누구든지 예수 믿으면 멸망하지 않고 영생을 얻는 것을 믿는가? 그렇다면 믿음 위에 온전히 서야 한다.

그런데 하나님을 믿는 사람이, 예수님 믿으면 멸망하지 않고 영생을 얻는다는 것을 믿는 사람이 어떻게 사람 때문에 그 믿음을 저버릴 수 있을까? 아주 가끔 '그 인간 보기 싫어서 교회 안 나가겠다'고 말하는 사람들이 있다. 교회는 동창회, 친목회, 향우회 하는 곳이 아니다. 하나님을 믿는 사람들이, 하나님의 사랑을 받는 사람들이 모여 하나님에게 예배하는 곳이 '교회'다. 견고하며 흔들리지 않는 믿음을 가져야 한다.

마귀는 교묘하게 사람을 통해 우리의 믿음을 잡아 흔든다. 그래서 사람 때문에 예수님을 안 믿겠다고 하며 교회를 떠난다. 참으로 어리석은 일이 아닌가?

사람 때문에 흔들리는 것은 믿음이 아니다. 혹시 세상의 모든 사람이 우리를 하찮다고 말하며 무시하더라도 주눅 들 필요가 없다. 왜냐하면 우리는 천지를 지으신 하나님의 사랑을 받는 사람들이기 때문이다. 그래서 더욱 견실하고 흔들리지 말아야 한다. 항상 주의 일에 더욱 힘써야 한다. 왜냐하면 우리의 수고가 주 안에서 헛되지 않은 줄을 알기 때문이다(고전 15:58).

이처럼 사랑하사

하나님이 세상을 사랑하시는 것은 세상을 친히 창조하셨기 때문이다. 그러므로 성경의 첫 번째 말씀인 "태초에 하나님이 천지를 창조하시니라"(창 1:1)를 믿어야 한다. 그것이 거듭난 새사람이 되기 위한 첫 번째 조건이다.

"내 것"이라는 사랑

하나님은 "그것들에게 절하지 말며 그것들을 섬기지 말라 나 네 하나님 여호와는 질투하는 하나님"(출 20:5)이라고 하셨다. 하나님 이외의 다른 어떤 것도 그분보다 더 사랑하는 것을 싫다고 하신 단 하나의 이유는 우리를 사랑하시기 때문이다.

져 주는 사랑

20년 만에 형 에서를 만나기 전 밤새 하나님과 겨루었던 야곱에게 하나님은 "네가 이겼다"고 말씀하셨다. 인간이 하나님과 겨루어 이긴다는 것이 가능할까? 가능하다. 사랑 때문에 하나님이 져 주신다.

세상을 사랑하사

요한복음 3장 16절에서 "세상을" 대신 자신의 이름을 넣어 읽어 보자. 이 고백이 우리 각자의 진정한 고백이 될 때, 얼마나 큰 사랑을 받는 소중한 존재인지를 깨닫고 감사하며 살게 된다.

*요 3:16

보이지 않는 사랑

사랑은 보이지 않는다. 사랑은 증명할 수도 없다. 하지만 사랑을 행동으로 보여줄 수 있다고 말하는 사람들이 있다. 사랑하지 않으면서도 사랑하는 '척' 할 수 있다는 것이다. 사랑은 질과 양으로 따질 수 없고, 돈을 주고 사거나 팔 수 있는 것도 아니다.

자녀를 키우다 보면, 아이들이 하고 싶어 하는 것을 부모가 반대할 때가 있다. 그럴만한 이유가 있어서 반대하는 것인데, 아이들은 부모가 자신을 사랑하지 않기 때문에 무턱대고 반대한다고 생각한다. 그럴 때 부모들은 '어휴, 내 마음을 꺼내 보여 줄 수도 없고' 하며 답답해한다.

하나님은 부모보다 더 큰 사랑으로 우리를 사랑하신다. 그런데 많은 사람이 하나님의 사랑을 깨닫지 못하고 산다. 하나님은 사랑하는 마음을 표현하셨다. 예수 그리스도를 보내 주셔서 십자가의 고난으로 죽음의 길을 걷게 하셨다. 예수님은 하나님과 함께 계셨고, 하나님 나라에 속한 분이다(요 1:14). 그러므로 우리에게 하나님과 천국에 대해 가장 잘 알려 주실 수 있는 분이다.

천국은 마치 사람이 자기 밭에 갖다 심은 겨자씨 한 알 같으니. ✝ 마 13:31

천국은 마치 여자가 가루 서 말 속에 갖다 넣어 전부 부풀게 한 누룩 같으니. ✝ 마 13:33

천국은 마치 밭에 감추인 보화와 같으니. ✝ 마 13:44

천국은 마치 좋은 진주를 구하는 장사와 같으니. ✝ 마 13:45

천국은 마치 바다에 치고 각종 물고기를 모는 그물과 같으니. ✝ 마 13:47

요한복음
3장 16절

예수님은 우리에게 하나님과 하나님 나라에 대해 알려 주시고 소망을 품게 하셨다. 그러나 죄 때문에 하나님을 떠나버린 사람들은 하나님에게 다시 돌아가거나, 하나님 나라에 들어가려면 그 죗값을 치러야만 가능하다.

창세기 2장에 보면, 하나님은 아담을 에덴동산에 두시고 그것을 경작하며 지키게 하셨다.

여호와 하나님이 그 사람을 이끌어 에덴동산에 두어 그것을 경작하며 지키게 하시고. ✝ 창 2:15

에덴동산의 모든 나무에 열리는 열매를 마음대로 먹을 수 있게 하셨다(창 2:16). 그러나 하나님은 "선악을 알게 하는 나무의 열매는 먹지 말라 네가 먹는 날에는 반드시 죽으리라"(창 2:17)고 하셨다. 하나님은 아담에게 도덕적으로 책임질 수 있는 능력을 주시고 하나님의 명령에 순종하게 하셨다. 그런데 하나님이 지으신 들짐승 중에 가장 간교한 뱀은(창 3:1) 하와에게 선악을 알게 하는 나무의 열매를 먹어도 "결코 죽지 아니하리라"(창 3:4)고 했다.

창세기 2장 17절에는 하나님이 "반드시 죽으리라"고 하셨는데, 창세기 3장 4절에서 뱀은 "결코 죽지 아니하리라"고 했다. 하나님의 명령에 반대로 말한 것이다. 뿐만 아니라 창세기 3장 5절에는 "그것을 먹는 날에는 … 눈이 밝아져" 하나님과 같이 될 수 있다고 유혹했다. 그 순간 아담과 하와는 하나님의 명령을 따르기보다 하나님처럼 되고 싶은 마음이 생겼다. 마귀는 "하나님의 명령을 받고 그 명령에 순종하며 살 거 있어? 하나님이 되면 되지. 하나님이 왜 그것은 먹지 말라고 했는지 알아? 하나님처럼 될까봐 먹지 말라고 한 거야. 먹어, 먹어. 괜찮아, 먹어봐!" 하며 달콤하게 유혹했다.

결국 아담과 하와는 하나님 말씀을 따르지 않고 선악과를 먹었다. 그로 인해 인간은 죽을 수밖에 없는 존재가 되었다. 피조물이라는 자기 위치를 망각하고 하나님 말씀을 거역한 죄 때문에 모든 인간은 '죽음'이라는 형벌을 받게 된 것이다. '죄의 값은 죽음'이다. 로마서 6장 23절에, "죄의 삯은 사망"이라고 했다. 그리고 히브리서 9장 22절에 "율법을 따라 거의 모든 물건이 피로써 정결하게 되나니 피 흘림이 없은즉 사함이 없느니라"고 했다.

피 흘림으로 치러야 하는 죗값은 인간 스스로 지불할 수 없다. 다시 말해 사람에게는 죗값을 지불할 방법이 없다. 그래서 하나님이 직접 죗값을 치르는 길을 내셨다. 예수님을 보내셔서 피 흘리게 하심으로 우리 대신 죗값을 치르신 것이다. 그리고 구원으로 인도하는 길이 되게 하셨다.

피로 말미암아

에베소서 1장 7절에 보면, "우리는 그리스도 안에서 그의 은혜의 풍성함을 따라 그의 피로 말미암아 속량 곧 죄 사함을 받았느니라"고 했고, 로마서 3장 24절에 보면, "그리스도 예수 안에 있는 속량으로 말미암아 하나님의 은혜로 값없이 의롭다 하심을 얻은 자 되었느니라"고 했다.

"속량"은 값을 치르고 어떤 것에서 풀려나는 것을 의미한다. 하나님이 죄에 사로잡힌 우리를 위해 예수 그리스도의 피로 죗값을 치르고 죄의 얽매임에서 풀려나게 하신 것이 속량이다. 이처럼 죗값을 치르기 위해서는 하나님이 인정하시는 대가를 지불해야 한다. 어떤 사람들은 예수님이 아니어도 구원받을 수 있다고 하지만 하나님은 예수님의 피밖에 없다고 말씀하셨다. 왜냐하면 요한복음 14장 6절에서, "내가 곧 길이요 진리요 생명이니 나로 말미암지 않고는 아버지께로 올 자가 없느니라"고 하셨고, 또 사도행전 4장 12절에서 "다른 이로써는 구원을 받을 수 없나니 천하 사람 중에 구원을 받을 만한 다른 이름을 우리에게 주신 일이 없음이라"고 하셨기 때문이다.

그런데도 죗값을 치르는 방법이 자기 수행이라는 사람이 있다. 우리는 기도하기 위해 금식할 수 있다. 그러나 금식만 해야 되는 것은 아니다. 그러므로 금식했다고 잘난 척 하지 말아야 한다. 금식 안 한다고, 못한다고 천국에 못 가는 것은 아니다. 우리는 기도하러 산에 갈 수 있다. 하지만 꼭 기도하러 산에만 가야 하는 것은 아니다.

간혹 아무도 만나지 않고, 신문, TV도 보지 않으며 "나는 경건하게 삽니다"라고 말하는 사람들이 있다. 그렇다고 그들을 경건하게 사는 사람이라고 단정지을 수는 없다.

어떤 사람은 선을 행해야 구원받는다고 한다. 물론 선을 행해야 한다. 그렇다고 얼마나 선을 행해야 구원을 보장받는 것일까? 선을 행한다고 다 구원받는 것은 아니다. 핵심은 구원의 주체이신 하나님이 무엇으로 구원의 길을 내셨는가 아는 것이다. 하나님은 우리에게 '예수 이름' 외에는 구원받을 만한 다른 이름을 주시지 않았다(행 4:12).

나의 죄를 씻기는 예수의 피밖에 없네 다시 정케 하기도 예수의 피밖에 없네. ✛ 찬송가 252장(통 184)

우리를 위해 죽으심으로

예수님이 십자가에 달려 돌아가실 때 마지막으로 하신 말씀
이 무엇인가?

다 이루었다. ✝ 요 19:30

영어성경에 보면 "It is finished"라고 나온다. 여기서 "다 이
루었다"라는 말은, 당시 상인들이 거래하면서 주고받았던 영수증
에 사용되었던 용어다. 즉 "계산 끝났다, 완불되었다"는 의미다.

예수님이 십자가에서 '계산 끝났다'고 하신 말은 무슨 뜻일
까? '사람들이 지은 죗값을 내가 모두 끝냈다'는 뜻이다. 하나님
은 우리를 사랑하신다는 사실을 증명하기 위해서 예수님의 피로
죗값을 치르신 것이다. 로마서 5장 8절에 보면, "그리스도께서
우리를 위하여 죽으심으로 하나님께서 우리에 대한 자기의 사랑
을 확증하셨느니라"고 했다.

하나님은 우리 대신 예수님을 피 흘리게 하심으로 우리에 대
한 사랑을 확증하셨다. 그러므로 우리가 얻은 구원은 엄밀히 말
해서 공짜가 아니다. 다만 우리가 값없이 받은 것이다. 예수님의
목숨 값으로 우리가 구원을 얻은 것이다. 단지 우리는 예수님을

구주로 믿은 것밖에 없다.

교회를 십 년, 이십 년 넘게 다녔어도, 여기저기서 봉사하며 헌신한다고 해도, 예수님이 나의 죄를 위해 십자가에서 피 흘려 죽으심으로 나의 죗값을 대신 치르신 덕분에 내가 예수님을 구세주로 믿어 멸망하지 않고 구원받았다는 사실을 믿지 못하면, 그것은 아직도 구원받지 못한 것이다. 그러므로 우리는 예수님을 구세주로 믿으므로 멸망하지 않고 영생의 주인공이 된 것을 믿어야 한다.

세상에는 많은 사람이 있다. 겉으로 두 개의 눈과 귀, 하나의 코와 입이 있어 같아 보이지만, 자세히 살피면 생김새가 각각 다르다. 어떤 사람은 얼굴이 길기도 하고, 어떤 사람은 쌍꺼풀이 한 쪽만 있는 등 다양하다.

그러나 이런 외모의 차이를 떠나서 거듭난 새사람과 그렇지 않은 사람, 예수 믿어 구원받은 사람과 구원받지 못한 사람 사이에 분명한 하나의 차이가 있다. 그 속에 '그리스도의 영이 있느냐 없느냐'의 차이다. 로마서 8장 9절에 보면, "누구든지 그리스도의 영이 없으면 그리스도의 사람이 아니라"고 했다.

사람은 어디에서 태어났느냐, 어떻게 자랐느냐, 어느 학교를 다녔느냐, 어떤 일을 하느냐에 따라 속에 담겨 있는 것이 전혀 다르다. 사람들은 같은 동네에서 손잡고 자란 것도 아닌데 이야기하다가 고향 옆 동네에 살았다는 것만으로도 매우 반가워한다. 같은 동네, 같은 학교 출신이라는 것만 알아도 태도가 달라진다. 하물며 그러할진대 우리가 예수를 믿으므로 우리 안에 동일한 그리스도의 영을 받은 것이 얼마나 대단한 사실인가! 그리스도 안에서 한 형제요, 자매가 될 수 있는 것, 바로 그리스도의 영이 우리 안에 계시기 때문이다.

우리는 예수님짜리

우리는 그리스도의 영이 내주(內住)하시는 그리스도인이다. 하나님이 예수 그리스도를 피 흘리게 하셔서 죗값을 치르게 하시고 하나님의 자녀 삼으신 천하보다 귀한 사람이다. 그렇다면 우리는 얼마짜리일까? 10억? 100억? 1,000억?

몇 해 전《국민일보》에서 이런 글을 보았다. 미국 일리노이대학교 해부학 교수인 할리 모텐슨Harley Mortenson이 인체를 화학적으로 분석한 결과, 우리 몸은 칼슘 2.25^{kg}, 인산염 500^g, 칼륨 252^g, 나트륨 168^g, 마그네슘 28^g, 철 28^g, 소량의 동으로 이루어졌고, 산소는 체중의 65%, 수소는 18%, 딘소는 10%, 질소는 3%를 차지한다고 한다. 그런데 문제는 각각의 성분을 시가로 계산했을 때다. 단돈 89센트로, 우리 돈으로 환산하면 1,000원도 안 된다(2004.04.16. 《국민일보》 겨자씨 참조).

과연 그럴까? 우리는 스스로 얼마짜리라고 생각하는가? 그리스도의 영을 소유한 우리는 '예수님짜리'다. 그렇다면 예수님짜리의 가치는 얼마일까? '천하보다 귀한' 가치다(마 16:26).

그런데 우리는 왜 싸구려처럼 살려고 할까? 왜 자신을 우습게 만드는가? 자신감을 가지고 매 순간 당당하게 살자. 그리스도의 영을 받은 그리스도의 사람답게 살자.

예수님이 십자가에 달려 죽으셨다는 사실이 "우리를 위하여"라고 말하면 깊은 감동이 없다. 그러나 "나를 위하여"라고 말하면 깊은 감동이 있다. 나와 관계가 있어야 더욱 마음이 가기 때문이다.

가끔 내가 외국에 갔다 오면 부목사님들이 "목사님이 안 계셨는데도 교회에 아무 일 없었습니다"라고 보고한다. 그러면 감사하기도 하지만 '내가 없는데 왜 아무 일도 없었던 거야' 하는 마음에 약간 서운하기도 하다. 그런데 "목사님 안 계시니까 교회가 텅 빈 것 같아요"라는 말을 들으면 내심 얼마나 좋은지 모른다. 나와 관계가 있어야 애틋한 것이다.

하나님이 '나'를 구원하기 위해 독생자 예수님을 보내 주셨고, 그 예수님이 '나'를 위해 십자가에 달려 돌아가셨기 때문에 감사한 것이다. 이 사실을 믿어야 한다.

우리는 최고의 마음을 가지고, 최고의 말과 최고의 행동을 하며 살아야 한다. 왜냐하면 우리는 그리스도의 영을 받은 그리스도의 사람으로서 '예수님짜리'이기 때문이다. 못난 사람, 덜된 사람들과 비교하면 안 된다. 게으른 사람은 누구와 비교하는가? 자기보다 더 게으른 사람과 비교한다. 공부 안 하는 사람은 누구와 비교하는가? 자기보다 더 공부 안 하는 사람과 비교한다. 불효자는 누구와 비교하는가? 자기보다 더 불효한 사람과 비교한다. 교회를 사랑하지 않는 사람은 누구와 비교하는가? 자기보다 더 교회를 사랑하지 않는 사람과 비교한다.

스스로 자신을 바보로 만드는 사람이 많다. 우리는 다른 사람이 뭐라고 하든지 천하보다 귀한 생명임을 깨달아야 한다.

어떤 청년이 내게 와서 "목사님, 저는 예수님을 믿습니다. 예수님이 저를 위해 십자가에 달려 돌아가신 것을 믿습니다. 제가 구원받은 사람인 것, 천국 갈 사람인 것을 믿습니다. 그런데 해결 못한 일이 있습니다. 담배를 끊었나 싶으면 또 피우고 있습니다. 술을 안 먹으려 하는데 먹어야 될 상황이 생깁니다. 그럼에도 불구하고 천국에 갈 수 있나요?"라고 물었다. 그래서 나는 청년에게 이렇게 대답했다.

"끊으려고 노력해라. 이제는 술, 담배로 예수를 믿느냐 안 믿느냐, 구원을 받느냐 못 받느냐에 대한 이야기는 할 필요 없다. 세상 사람들도 건강을 위해서, 다른 사람에게 피해 주지 않기 위해서 끊는다. 예수님을 믿는 사람은 '이웃을 자기 몸과 같이 사랑하라'고 했는데 당연히 끊어야지. 걱정하지 마라. 신앙생활 열심히 하다 보면 성령의 인도하심을 따라 더 좋은 은혜를 깨닫게 되어 자연히 멀리하게 되는 날이 온다. 대신 두 가지는 끊지 마라. 첫째, 목(생명)을 끊지 마라. 둘째, 예배를 끊지 마라. 예배 잘 드리고 건강 관리 잘하려고 애쓰다 보면 술, 담배는 끊게 된다."

그런데 그 청년의 다음 말이 기가 막혔다.

"목사님, ○○○ 집사님도 피우던데요."

꼭 이렇게 자기보다 못한 사람을 찾아 말한다. 자기보다 못한 사람과 비교하지 말고 나은 사람과 비교해야 한다. 나는 나보다 더 열심히 공부하고, 최선을 다해 교회 부흥에 힘쓰는 목회자들을 사귀려고 노력한다. 유명한 사람들과 가깝게 지내려고 노력한다. 그들과 만나다 보면 툭툭 던지는 말 속에 은혜가 되고, 교회 부흥에 필요한 아이디어를 얻는다.

신앙생활 잘하는 사람들과 사귀어야 한다. 건전하고 정직하게 잘사는 사람들과 사귀려고 노력해야 한다. 예수 잘 믿지 않는 사람들, 교회 잘 섬기지 않는 사람들, 불평하고 원망하고 탄식하며 사는 사람들, 어깨에 힘만 주며 사는 사람들과는 깊이 사귀지 않는 것이 좋다.

옛 시조 중에 "까마귀들이 싸우는 골에 백로야 가지 말아라. 성낸 까마귀들이 흰 빛을 시기할까 염려되는구나. 맑은 강물에 기껏 씻은 몸을 더럽힐까 근심된다"라는 것이 있다.

성도들은 까마귀 노는 곳에 가지 않는 백로가 되어야 한다. 좋은 생각 큰 생각을 하고, 좋은 말 큰 말하며 살아야 한다. 다른 사람, 다른 교회 이야기를 할 때는 은혜로운 이야기, 부흥되는 이야기, 잘하는 이야기, 최고의 이야기, 칭찬하는 이야기만 하고 불평하지 않는 삶을 살아야 한다.

어느 날, 부목사 한 분이 내게 찾아와 "목사님, 교인들이 부담되어 싫다고 하는데 '이것' 안 하시면 안 될까요?" 하는 것이었다. 그 말을 듣고 주저 없이 꾸짖듯 말했다. "여론조사해서 목회합니까?" 여론대로 했으면 예수님은 임금이 되셨어야 했다. 그러나 예수님은 단호히 여론을 거부하셨다. 한편, 여론에 따라서 했다가 망한 대표적인 인물이 있다. 바로 '빌라도'다. 그는 철저히 여론에 밀려 예수님을 십자가에 못 박게 허락한 사람이다. 그래서 2천 년이 지난 지금까지도 사도신경을 통해 기독교의 공적(公敵)으로 불리고 있다.

불평하는 사람은 무엇을 해도 불평한다. 선교를 해도, 구제를 해도, 봉사를 해도 항상 불평한다. 여론대로, 시대적인 흐름대로 하려면 설교도 성공하는 법, 승리하는 법에 대해서만 해야 한다. '예수의 피, 십자가'에 대한 설교는 하지 말아야 한다.

우리는 복음의 소리를 들어야 한다. 예수님짜리답게 생각하고, 예수님짜리답게 말하고, 예수님짜리답게 행동해야 한다. 그래야 최고로 여김을 받는다. 교회에서 만나는 사람들을 예수님짜리로, 천하보다 귀한 생명으로 대해야 한다. 남편, 아내, 자녀들도 최고의 사람으로 대해야 한다. 하나님은 그들을 위해서 예수님을 희생시키셨기 때문이다.

우리 교회 부목사 한 분의 설교 중에 들은 이야기다. 초등학교 아이들에게 "부모님이 우리를 왜 사랑하실까?"라는 질문을 했더니 아이들이 이렇게 답했다고 한다. "그러게 말입니다." 우리도 "하나님이 우리를 왜 사랑하십니까?"라는 질문에 "그러게 말입니다"라고 대답해도 좋을까?

하나님이 우리를 사랑하시는 이유는 분명하다. 우리가 예수님을 믿으므로 하나님의 자녀가 되었기 때문이다. 그러므로 우리는 예수님짜리답게, 천하보다 귀한 사람답게 하나님 마음에 합한 삶을 살기 위해 애쓰는 멋진 그리스도의 사람이 되어야 한다.

보이지 않는 사랑

사랑은 보이지 않지만 하나님은 그 사랑을 표현해 보이셨다. 예수님을 통해 알려 주셨다. 하나님 말씀을 거역한 죄 때문에 죽을 수밖에 없는 인간을 구원의 길로 인도하기 위해 피 흘림의 사랑을 보이셨다.

피로 말미암아

"내가 곧 길이요 진리요 생명이니 나로 말미암지 않고는 아버지께로 올 자가 없느니라"(요 14:6). 죄인인 우리가 그 죗값을 치르기 위해서는 하나님이 인정하시는 대가를 지불해야 한다. 그것은 예수님의 피밖에 없다.

우리를 위해 죽으심으로

하나님은 우리 대신 예수님이 피 흘리게 하심으로 우리에 대한 사랑을 확증하셨다. 그러므로 우리가 얻은 구원은 엄밀히 말해서 공짜가 아니다. 예수님을 믿으므로 멸망하지 않고 영생의 주인공이 된 것을 믿고 감사하며 살아야 한다.

우리는 예수님짜리

우리는 스스로 얼마짜리라고 생각하는가? 그리스도의 영을 소유한 우리는 '예수님짜리'다. 그렇다면 예수님짜리의 가치는 얼마일까? '천하보다 귀한' 가치다(마 16:26). 따라서 자신감을 가지고 매 순간 당당하게 살자.

✝ 요 3:16

믿는 자마다

깊은 밤, 산길을 가던 어떤 사람이 발을 헛디뎌 절벽 아래로 떨어졌다. 다행히 절벽 사이에 있는 나뭇가지를 붙잡을 수 있었나. 그는 살려 달라고 외쳤다. 그때 기적처럼 하늘로부터 음성이 들렸다. "나뭇가지 잡은 손을 놓으라." 그는 겨우 니뭇가지 하나 잡고 있는데 그 손마저 놓으면 당장 떨어져 죽을 것 같아서 이렇게 외쳤다. "위에 다른 사람 없어요?"

짙은 어둠 때문에 알 수 없었을 뿐, 사실은 그가 잡은 나뭇가지만 놓으면 바로 땅에 닿을 수 있는 높이였다. 이렇듯 응답을 믿고 손을 놓으면 살 수 있는데도 잡고 있는 나뭇가지를 놓지 못하는 사람들이 우리 주위에 많다. 하나님은 길을 내시고 구원을 선언해 주셨지만 그것을 믿지 못하고 다른 길을 찾는 사람들이 많다.

요한복음 3장 16절에 "그를 믿는 자마다 멸망하지 않고 영생을 얻게 하려 하심이라"고 했다. 하나님은 죄로 인해 죽을 수밖에 없는 모든 사람에게 예수님을 믿기만 하면 멸망하지 않고 영생을 얻을 것이라 약속하셨다. 그런데 그것을 믿지 못하고 절벽에서 나뭇가지 하나만 붙잡고 버티는 사람들이 많다.

예수님은 "모세가 광야에서 뱀을 든 것같이 인자도 들려야 하리니 이는 그를 믿는 자마다 영생을 얻게 하려 하심이니라"(요 3:14~15)고 하셨다.

하나님은 이집트에서 노예생활을 하던 이스라엘 민족을 모세를 통해 구원해 주셨다. 하나님은 홍해를 가르시고 수많은 기적을 보여 주셨다. 그리고 구름기둥과 불기둥으로 인도해 주셨다. 그런데도 이스라엘 백성은 광야를 통과하며 어려움을 겪자 참지 못하고 "어찌하여 우리를 애굽에서 인도해 내어 이 광야에서 죽게 하는가"(민 21:5) 하며 불평했다. 그들의 불평은 끊임없이 되풀

이 되었다. 계속 불평을 하다 보니 노예였던 시절을 그리워하기까지 했다(출 16:3). 바로의 압제에 고통스러워 하며 해방시켜 달라고 하나님께 부르짖었던 것은 생각하지 못하고(출 3:9), 오히려 그때가 좋았다는 망언을 서슴지 않았다.

하나님은 만나를 내려 주셔서 이스라엘 백성이 굶지 않게 하셨다. 그럼에도 불구하고 "우리 마음이 이 하찮은 음식을 싫어하노라"(민 21:5) 하며 배부른 소리를 했다. 그러자 하나님은 불뱀venomous snakes-NIV을 보내어 이스라엘 백성을 물게 하셨다.

현재 아라바Arabah 광야에서 서식하는 독사로 추정되는 이 뱀에게 물리면 불 같은 고통을 받다가 죽는다고 한다. 그래서 '불뱀'이라고 번역한다. 다른 영어성경을 보면 이 불뱀이 우리가 흔히 생각하는 '독사'poisonous snakes-NLT로 표현되어 있다.

그때 뱀에게 물려 죽은 사람이 많았다(민 21:6). 그러자 살아남은 사람들은 황급히 모세에게 가서 "우리가 여호와와 당신을 향하여 원망함으로 범죄하였사오니 여호와께 기도하여 이 뱀들을 우리에게서 떠나게 하소서"(민 21:7) 하며 간청했다. 이에 모세는 백성을 위해 하나님에게 기도했고, 하나님은 뱀을 만들어 장대 위에 매달아 뱀에 물린 자가 그것을 보면 살 것이라고 응답하셨다(민 21:8).

그래서 모세는 즉시 놋(구리)으로 뱀을 만들어 장대 위에 달았다. 그리고 뱀에 물린 자들이 그 (구리)뱀을 보는 순간 살았다.

요한복음 3장에서 예수님은 민수기 2장의 (구리)뱀 사건을 인용하시면서, 모세가 광야에서 (구리)뱀을 들었을 때 그것을 본 사람들이 살아났듯이 예수님을 믿는 자마다 멸망하지 않고 영생을 얻는다고 하셨다(요 3:14~15).

죄로 인해 멸망할 수밖에 없는 사람들이 예수님을 바라보고, 믿음으로 영생을 얻게 되는 것이다. 우리가 구원받아 하나님의 자녀 되고 천국 시민이 되는 방법은 예수님을 믿는 것이다. 그러나 세상 사람들은 구원을 위해, 영생을 위해, 망함이 없는 삶을 위해 어려운 방법을 찾아 나선다. 스스로 땅에 파묻히기도 하고, 몸을 쇠고리로 뚫어 고통을 참아내기도 한다. 무릎으로 성당 계단을 기어오르거나 맨발로 숯불 위를 걷기도 한다.

그런 사람들은 '구원이 대단한 것이기 때문에 쉽게 얻을 수 없다'고 생각한다. 그래서 스스로 노력해서 구원을 얻으려고 한다. 그러나 구원은 그렇게 얻어지는 것이 아니다.

로마서 10장 9절에 보면, "네가 만일 네 입으로 예수를 주로 시인하며 또 하나님께서 그를 죽은 자 가운데서 살리신 것을 네 마음에 믿으면 구원을 받으리라"고 했다. 그러므로 예수님을 구주로 믿기만 하면 된다.

우리 믿음의 최종 목표는 '영혼이 구원받는 것'이다(벧전 1:9).

영혼 구원은 예수님을 믿으면 된다. 하나님은 예수님으로 하여금 십자가를 지게 하셔서 죗값을 치르게 하심으로 더 이상 다른 것이 필요 없는 완벽한 구원의 길을 내셨다(요 14:6). 물론 구원은 누구나 받을 수 있다. 어떤 사람은 되고, 어떤 사람은 안 되는 것이 아니다. 예수님은 "믿는 자마다 멸망하지 않고 영생을 얻게 하려 하심이라"(요 3:16)고 말씀하셨다.

누구든지 믿기만 하면

믿음에는 자격이나 조건이 없다. 나이, 가진 것, 권세 등 많고 적음으로 제한이 있는 것이 아니다. 어떤 상황이든, 어디에 있든, 어떤 생활방식으로 살든 상관없다.

디도서 2장 11절에 보면, "모든 사람에게 구원을 주시는 하나님의 은혜가 나타났다"고 했다. 어떤 사람은 구원이 정해져 있고, 어떤 사람은 멸망이 정해져 있어서 구원받고 멸망하는 것이 아니다. 예수님을 믿으면 구원받고 믿지 않으면 멸망하는 것이다.

디모데전서 2장 6절에 보면, "모든 사람을 위하여 자기를 대속물로"주셨다고 했다. 또 베드로후서 3장 9절은 "아무도 멸망하지 아니하고 다 회개하기에 이르기를 원하시느니라"고 했다.

세상 사람들 중에 "누구든지"에 포함되지 않는 사람은 없다. 그러므로 '누구든지 믿기만 하면 구원하시겠다는 것이 하나님의 뜻'임을 믿으면 된다.

마태복음 20장 1절에 보면, "천국은 마치 품꾼을 얻어 포도원에 들여보내려고 이른 아침에 나간 집 주인과 같으니"라고 했다. 주인은 하루 품삯으로 1데나리온Denarius (로마인들이 발행하던 은전으로 당시 노동자의 하루 품삯에 해당됨 – 6,000데나리온이 1달란트)을 주기로 하고 이른 아침에 품꾼을 구해온다. 오전 9시, 정오, 오후 3시, 심지어 일 끝나기 한 시간 전인 오후 5시에도 일꾼을 데려온다. 그리고 날이 저물자 주인은 청지기에게 "모두에게 똑같이 약속한 1데나리온을 주라"고 했다. 주인은 일을 시키기 위해 품꾼을 모았다기보다는 일을 구하지 못해 어렵게 사는 사람들에게 살 길을 열어 주려고 불렀던 것이다.

하나님은 누구든지, 어느 때든지, 남녀노소 상관없이 모든 사람이 예수님을 믿고 하나님에게 돌아오기를 기다리신다. 아침 9시의 인생, 낮 12시 청춘의 인생, 저녁 5시 석양의 인생 모두에게 동일하게 구원의 문을 열고 기다리신다.

'믿는다'는 것은 전적으로 신뢰하며 맡기는 것을 말한다. 하나님은 우리에게 예수님을 믿으라고, 믿으면 구원하겠다고 말씀하셨다. 이 말씀은 하나님의 약속을 믿고 삶을 맡기라는 것이다.

현재의 일과 장래의 일도 하나님에게 모두 맡기고 인도하시는 대로 따라가는 것이 믿음이다. "저는 믿습니다"라고 말하면서 순종함, 행함이 없는 믿음은 아무 소용이 없다. 믿으면 믿는 대로 따르게 되어 있다. 맡기는 것이 믿음이다.

맡기면 인도하시리니

철인 3종 경기는 수영 3.9km, 도로 사이클 180.2km, 마라톤 42.195km, 총 226.3km를 완주하는 경기다. 순위와 상관없이 17시간 내에 완주하면 철인Iron man이라는 칭호가 주어진다.

미국인 릭 호이트Rick Hoyt (1962년생)는 한 번도 하기 힘든 철인 3종 경기를 6번이나 완주했다. 그는 단축 3종 경기를 206차례, 마라톤 풀코스를 64차례 완주했고, 달리기와 자전거로 6천km나 되는 미국 대륙을 횡단했다.

릭 호이트는 장애인이다. 그는 태어날 당시 목에 탯줄이 감겨 뇌에 산소가 공급되지 않는 사고를 당했다. 때문에 뇌성마비, 언어장애, 사지 마비 등의 장애를 가지게 되었다. 장애를 가진 릭이 어떻게 철인이 되었을까? 그것은 아버지 딕 호이트Dick Hoyt (1940년생)가 있었기에 가능했다.

아들 릭이 15세 때 컴퓨터의 힘을 빌려 처음 한 말은 "RUN", 즉 "뛰고 싶다"였다. 아버지 딕은 달리고 싶어 하는 아들의 소원을 들어주기 위해 휠체어에 아들을 태우고 달렸다. 처음에는 동네 8km 자선 달리기에 출전했다. 대회 후 아들 릭은 자신의 감정을 이렇게 표현했다.

"아빠, 마치 하늘을 나는 것 같았어요."

이후 호이트 부자(父子)는 수많은 대회에 참가했고, 세계적으로 유명한 보스턴 마라톤에서만, 1982년~2005년까지 24회 연속 완주한 기록을 보유하게 되었다.

그들의 도전은 거기서 멈추지 않았다. 철인 3종 경기에 도전한 것이다. 아버지는 아들을 태운 보트를 끈으로 허리에 묶고 수영했고, 아들을 앞에 태우고 자전거를 탔으며, 아들을 태운 휠체어를 밀고 직접 뛰어 결승선을 통과했다. 참으로 훌륭한 아버지 아닌가(참조 www.teamhoyt.com / 유튜브 동영상 'The Story of Rick and Dick Hoyt')!

사실 아버지 딕이 수영을 하고, 자전거를 타고, 달리기를 하는 동안 아들 릭은 아무것도 한 것이 없었다. 단지 아버지에게 몸을 맡겼을 뿐이다. 그러나 결승선을 통과하며 받는 환호와 박수, 격려는 아들과 아버지가 함께 누렸다.

우리도 구원이라는 경주에 참가할 능력이 없는 영적 장애를 가진 사람이다. 아무리 해도 우리의 노력으로는 하나님 나라의 결승선을 통과할 수 없다. 그러나 예수님을 믿기만 하면, 예수님에게 모든 것을 맡기면, 길 되신 예수님은 승리와 영광의 자리까지 우리를 인도해 주신다.

영원히 죽지 아니하리니

사람이 숨을 쉬고 있다고 해서 모두 살아 있는 것은 아니다. 숨을 쉬고 있어도 죽은 것 같은 사람, 죽어가는 사람이 있다. 삶을 포기한 채 새로움과 변화를 거부하는 사람, 관계를 끊고 혼자이고 싶어 하는 사람. 이런 사람은 세상적으로도 죽은 사람이거나 죽어가는 사람이다.

영적으로도 죽었거나 죽어가는 사람이 있다. 하나님과의 관계를 끊었거나 끊으려는 사람이다. 때문에 영적으로 살아 있기를 원한다면 하나님과 바른 관계를 유지하며 살아야 한다.

겨울에는 죽은 나무와 산 나무가 구별이 잘 안 된다. 그러나 봄이 되면 구별할 수 있다. 얼었던 물이 녹으면 산 나무는 그 물을 먹고, 싹을 틔우며, 잎과 가지를 내고 때가 되면 열매도 맺는다. 그러나 죽은 나무는 오히려 물 때문에 시간이 흐를수록 썩어가기만 한다.

　생명이 있는 동식물, 특히 사람은 정지 상태가 아니다. 사람은 늘 움직이며 변화한다. 주변 사람들과 관계를 맺고 유지하기 위해 애쓰며 살아간다. 이처럼 그리스도의 영을 받은 우리는 먼저 하나님과 바른 관계가 되도록 노력해야 한다. 하나님 마음에 들기 위해 애써야 한다. 그러고 나서 세상에 살면서 연결된 사람들과도 바른 관계를 맺어야 한다. 힘들고 어렵겠지만 가정에 장애를 가진 가족이 있거나 연세가 많아 치매에 걸린 어른이 계시다 하더라도 나에게 맡기신 하나님의 사명이라 믿고 최선을 다해야 한다.

　아들 릭을 돌봤던 아버지 딕 호이트를 보면, 이 세상에 감당 못할 일은 없다. 하기 싫어서 안 하는 것이다. 우리는 가족, 친구, 학교, 직장 동료, 교회에서 만난 성도들과 바른 관계를 유지해야 한다. 하나님의 백성으로서 빛과 소금의 역할을 감당하며 살라고 하나님은 명령하셨다.

　전도서 3장 11절에 보면, "하나님이 … 사람들에게는 영원을 사모하는 마음을 주셨느니라"고 했다. 살아 있는 사람에게는 영원을 사모하는 마음이 있다. 영원히 살기를 원한다. 그러나 모든 사람은 육체적으로 죽는다. 아무리 좋은 비타민, 영양제, 보약을 먹고, 산에 가고, 운동하여 근육을 키워도 결국 죽는다.

히브리서 9장 27절에 보면, "한번 죽는 것은 사람에게 정해진 것"이라고 했다. 그러나 다행스러운 것은 예수님을 믿는 자마다 멸망하지 않고 영생을 얻는다(요 3:16)는 사실이다.

하나님은 누구든지 예수님을 믿기만 하면, 믿는 자마다 영원한 복을 허락해 주신다. 예수님을 마음에 모시고 사는가? 그렇다면 이미 승리자다. 왜냐하면 영생을 보장받았기 때문이다.

예수님은 "나는 부활이요 생명이니 나를 믿는 자는 죽어도 살겠고 무릇 살아서 나를 믿는 자는 영원히 죽지 아니하리니 이것을 네가 믿느냐"(요 11:25~26)고 하셨다. 믿어야 한다. 믿지 않으면 아무 소용이 없다.

우리가 왜 예수님을 믿는가? 영원히 사는 진리를 알기 때문이다. 우리가 왜 전도하는가? 영원히 사는 진리를 나누기 위해서다. 우리가 왜 봉사하며 헌금하는가? 영원히 사는 진리를 깨달은 감사 때문이다. 신앙생활 하면서 마음 졸이고, 속상해 하고, 손해 보고, 때로는 눈물도 흘린다. 왜냐하면 하나님의 사랑을 알기 때문이다.

그래서 우리는 말을 할 때도, 일을 할 때도 주 예수의 이름으로 하려고 애쓰는 것이다(골 3:17). 언제 어디서나 예수님을 믿는 사람, 구원받은 사람, 하늘 백성이 된 그 '누구든지'에 포함된 사람이기 때문에 범사에 감사하며 사는 것이다.

아들 릭을 위해 아버지 딕이 '다' 해 주었던 것처럼 하나님이
다 해 주신다. 우리는 믿기만 하면 된다. 믿는 사람답게 믿음을 가
지며, 그 믿음을 놓치지 말고 영원한 하나님 나라에까지 승리하
는 삶을 살아야 한다.

믿는 자마다

"믿는 자마다 멸망하지 않고 영생을 얻게 하려 하심이라"(요 3:16). 믿음에는 자격이나 조건이 없다. 나이, 가진 것, 권세 등 많고 적음으로 제한이 있는 것이 아니다. 어떤 상황이든, 어디에 있든, 어떤 생활방식으로 살든 상관없다. 믿음이 핵심이다.

누구든지 믿기만 하면

우리의 노력으로는 하나님 나라의 결승선을 통과할 수 없다. 그러나 예수님을 믿기만 하면, 예수님에게 모든 것을 맡기면, 길과 진리와 생명이 되신 예수님은 승리와 영광의 자리까지 우리를 인도해 주신다.

맡기면 인도하시리니

우리는 구원이라는 경주에 참가할 능력이 없는 영적 장애를 가진 사람이다. 우리의 노력으로는 하나님 나라의 결승선을 통과할 수 없다. 그러나 예수님에게 모든 것을 맡기면, 길 되신 예수님은 승리와 영광의 자리까지 우리를 인도해 주신다.

영원히 죽지 아니하리니

"나는 부활이요 생명이니 나를 믿는 자는 죽어도 살겠고 무릇 살아서 나를 믿는 자는 영원히 죽지 아니하리니 이것을 네가 믿느냐"(요 11:25~26). 믿지 않으면 아무 소용이 없다. 그러나 믿으면 영원한 진리를 알게 된다.

✝요 3:16

5장

얻으리라

죽지 않고

이 세상에 죽음을 피해갈 사람은 아무도 없다. 지금은 건강하고 팔팔한 것 같아도 내년, 다음 달, 다음 주, 심지어 내일을 장담할 수 있는 사람은 아무도 없다.

어떤 사람들은 "죽으면 다 끝인데, 지옥은 무슨 지옥?", "그깟 지옥이 뜨거워 봤자 나 죽은 다음인데 얼마나 뜨겁겠어?"라며 쉽게 말하기도 한다. 또 "죽음은 그냥 사라지는 것"이라고 말하는 사람도 있다. 그래서 힘들고 고통스러울 때 스스로 목숨을 끊기도 한다. 죽으면 '모든 것이 끝'이라고 생각하기 때문이다. 우리는 다른 사람을 죽여도 살인죄지만, 자기 자신을 죽여도 살인죄에 해당된다는 것을 알아야 한다. 그러므로 남을 죽여도 안 되듯이 자살도 결코 해서는 안 될 죄(罪)다.

또 어떤 사람들은 죽음 이후에 다른 존재로 다시 태어난다고 말한다. 동물, 곤충 심지어 미생물로 태어난다고 한다.

그러나 모든 인생(人生)은 일생(一生)일 뿐이다. 모든 인생은 자기 삶을 살다가 죽는 것이다. 그리고 죽음 이후에는 심판이 있다. 회개하지 않고, 예수 그리스도가 십자가에 피 흘림으로 죗값을 대신 치르셨다는 것을 믿지 않으면 멸망의 길로 갈 수밖에 없다.

예수님은 천국을 여러 가지 비유를 들어 말씀하셨지만 지옥에 대해서도 말씀하셨다. 한마디로 "구더기도 죽지 않고 꺼지지 않는 불이 있는 곳"이라고 하셨다.

거기에서는 구더기도 죽지 않고 불도 꺼지지 아니하느니라.
✝ 막 9:48

마귀와 그의 사자들을 위하여 준비해 놓은 영원한 불이 있는 곳이라고도 하셨다.

> 또 왼편에 있는 자들에게 이르시되 저주를 받은 자들아 나를 떠나 마귀와 그 사자들을 위하여 예비된 영원한 불에 들어가라. ♱ 마 25:41

〈누가복음〉에 나오는 '지옥에 간 부자'는 얼마나 고통스러운지 "손가락 끝에 물을 찍어 내 혀를 서늘하게 하소서"(눅 16:24)라며 애원했다. 끝없는 고통만 있는 곳이 지옥이다. 심판받고 멸망한다는 것이 바로 이런 것이다. 지옥은 동화책 속에 나오는 이야기가 아니다. 실존이고 사실이다.

심판을 쉽게 생각하는 사람들을 염려하신 예수님은 마태복음 5장 29절에 "만일 네 오른 눈이 너로 실족하게 하거든 빼어 내버리라 네 백체 중 하나가 없어지고 온 몸이 지옥에 던져지지 않는 것이 유익하며"라고 단호히 말씀하셨다. 구원받지 못하게 하는 것이 있다면 그것이 내 신체의 일부분이라 할지라도 잘라내는 용기가 있어야 한다는 뜻이다. 내게 있는, 내 몸의 소중한 것을 포기하더라도 절대로 가지 말아야 할 곳이 '지옥'이라는 말씀이다.

입으로 시인하여

마태복음 13장 44절에 보면, "천국은 마치 밭에 감추인 보화와 같으니 사람이 이를 발견한 후 숨겨 두고 기뻐하며 돌아가서 자기의 소유를 다 팔아 그 밭을 사느니라"고 했다. 이 말씀은 구원의 소중함에 대한 말씀이다. 내가 가진 소유를 다 팔아서라도 꼭 가져야 하는 보화가 '구원'이다. 그 구원의 메시지가 바로 요한복음 3장 16절이다.

믿는 자마다 멸망하지 않고 영생을 얻게 하려 하심이라.

믿기만 하면 멸망하지 않고 영생을 얻는다. 구원받기 위해 우리는 '믿으면' 된다. 죄로 인해 끊어졌던 하나님과의 관계는 예수님을 믿으므로 회복된다. 그것은 죄로 인한 멸망과 영원한 죽음으로부터 벗어나는 것이요(요 3:16), 천국 시민이 되고(빌 3:20), 하나님의 자녀가 되는 것이다(요 1:12).

세상은 반 기독교적이다. 안티 크리스천뿐만 아니라 일부 책들과 방송 매체들은 끊임없이 성경을 흔들고, 우리의 믿음을 흔들어, 우리가 신앙생활 하지 못하도록 방해한다. 심지어 기독교 방송, 기독 작가들이 쓴 책들까지도 우리의 신앙을 잡아 흔들기도 한다.

일반 방송에서 예수님을 잘 믿어야 한다고 방송하는가? 오히려 '성경과 예수님이 의심스럽지 않느냐, 교회에 꼭 다녀야 하느냐'며 비판하고 비방한다. 사실 이런 모습은 기독교 역사에 끊임없이 반복된 일이었고 앞으로도 계속될 것이다.

그러나 하나님은 지금도 말씀을 통해 우리에게 하나님의 뜻을 보여 주신다. 하나님은 말씀을 통해 역사하신다. 성경은 하나님의 뜻을 담고 있으며 살아 있고 활력 있는 말씀이다(히 4:12). 지금도 성경을 읽다가 변화되고, 병 고침을 받고, 하늘의 소망을 갖는 일들이 전 세계 수많은 사람에게 일어나고 있다.

'구원을 받은 것 같기도 하고 아닌 것 같기도 하고' 헷갈리면 안 된다. 중간은 없다. 약간 의심스럽다는 말조차 결국 믿지 않는다는 말이다. 구원은 정확한 것이다. 믿느냐, 믿지 않느냐 둘 중 하나일 뿐이다.

우리 교회는 매 주일 성경을 높이 들고 신앙을 고백한다. '내가 구원받아 하나님 자녀 되고, 천국 백성이 되었다'는 것을 선포하는 것이다. 각자 자신의 입으로 믿는 바를 시인하는 것이다. 로마서 10장 10절에 보면, "사람이 마음으로 믿어 의에 이르고 입으로 시인하여 구원에 이르느니라"고 했다.

매일매일 '예수님을 믿어 구원받았다'는 사실을 기억하고 매 순간 사람들 앞에서 '입으로 시인하여 선포'하며 살아야 한다. 구원받은 하나님의 자녀가 되었다는 확신이 흔들리지 않아야 한다. 그래서 우리 교회는 신앙고백을 적은 카드를 교인들에게 나눠주고 수첩이나 지갑에 넣어서 가지고 다니게 한다.

〈앞면〉　　　　　　　　　　〈뒷면〉

영원히 이 세상에 살지 못할 존재임에도 불구하고 큰소리치는 사람들이 많다. 암 병동에서 일하는 어느 의사의 글이다.

암 병동에는 앞으로 길어야 2~6개월밖에 살지 못하는 사람들이 수두룩하다. 그런데도 하루하루가 무료하다 보니, 많은 사람이 모여서 화투를 친다. 개중에는 돈을 따는 사람들도 있다. 그러면 "야! 오늘 2만 원 땄다", "나는 3만 원이다" 하며 어린아이처럼 좋아한다. 이제 두 달 있으면 이 땅에서 사라질 사람이 2만 원, 3만 원 땄다고 기뻐하는 모습을 바라볼 때면 마음에 한없는 서글픔이 생긴다.

〈김병삼 지음, 《하나님을 미소 짓게 하는 이야기》 참조〉

사실 우리도 마찬가지다. 2개월이든 3개월이든, 20년이든 30년이든 시간의 차이일 뿐, 가는 것은 똑같다. 하나님이 부르실 때 모아놓은 재물, 쌓았던 실력, 경력과 명예 등 아무것도 가져갈 수 없다. 우리가 가져갈 수 있는 것은 살면서 정성을 들여 하늘에 쌓은 보물(마 6:19~20)과 예수님을 영접하여 구원받은 '믿음'뿐이다. 우리가 예수님을 믿으므로 그리스도의 영을 가졌으니(롬 8:9) 가장 값지고 소중한 것을 가진 사람답게 기쁨으로 감사하며 살아야 한다. 멸망하지 않고 영생을 얻어 구원에 이르렀음을 감사하며 기쁜 마음으로 살아야 한다.

오늘 하늘이 먹구름이라도, 천둥이 치고 장대비가 온다 할지라도, 누군가 우리를 해코지하고 낙담시킬지라도, 어려움을 겪고 있다 할지라도, 사탄이 의심과 두려움을 가지고 공격한다 할지라도, 지쳐 있거나 버려진 것처럼 홀로 있거나 진가를 인정받지 못하여 서운할지라도 우리는 하나님의 자녀다. '나는 예수님을 믿어 구원받은 하늘 백성'이라는 사실을 믿고 감사하며 살아야 한다. 그래서 사도 바울도 이렇게 선언했다.

생각하건대 현재의 고난은 장차 우리에게 나타날 영광과 비교할 수 없도다. ✝ 롬 8:18

예수님을 믿는 우리는, 하나님이 독생자 아들을 보내 주셨기 때문에, 예수님이 우리를 위해 피 흘려 죗값을 치르셨기 때문에 그 믿음으로 구원받았다. 그렇기 때문에 예수님을 믿는 사람들은 날마다 이렇게 선언할 수 있다.

"오늘은 내 생애 최고의 날입니다."

오늘이 최고의 날이고, 은혜의 날이라고 생각하는 사람은 매일매일 최선을 다해 살아갈 수 있다. 그러므로 우리는 언제나 구원받은 것에 대해 감사하며 살아야 한다.

범사에 감사하라

데살로니가전서 5장 18절에 보면 사도 바울이 "범사에 감사하라"고 했다. 또 누가복음 17장 11~19절에 보면, 열 명의 나병 환자가 깨끗함을 받았지만 예수님의 발 앞에 엎드려 감사한 사람은 한 사람뿐이었다. 이는 감사의 희귀성을 보여 주고 있다.

'감사하다'는 것은 '은혜를 기억'하는 것이다. 감사는 표현하는 것이며, 표현하지 않으면 감사가 아니다. 나는 기회가 될 때마다 어려운 사람들을 도우며 살려고 노력한다. 어떤 때는 감춰둔 비상금을 털어 주기도 하고, 입었던 옷을 벗어 주기도 했다. 쓸 곳이 있어 모아두었던 돈을 몽땅 주기도 했다. 한밤중에 찾아와 눈물을 흘리며 도움을 청하는 제자에게 없는 돈을 만들어 주고 대신 갚기도 했다. 그런데 대부분 그것으로 끝이다. 기억해 주는 사람은 거의 없다. 물론 감사의 인사를 받고자 했던 것은 아니다. 하지만 솔직히 서운한 마음이 들 때도 있다. 생각하면 조금 괘씸하기도 하다. 잊어야 하는데 나도 속 좁은 인간이라 문득문득 기억이 난다. 그럴 때면 하나님에게 죄송하고 부끄럽다. 범사에 감사하라는 말씀대로 살지 못한 내가 한심해서 눈물을 흘리기도 한다.

먹을 것이 있고, 입을 옷이 있고, 누워 잘 곳이 있고, 만날 사람이 있고, 예배드릴 교회가 있는 이 모든 것이 감사의 조건이다.

그러나 가장 큰 감사의 조건은 우리가 구원받은 하나님 백성이 되었다는 것이다.

범사에 감사하지 못하는 사람은 범사에 불평하는 사람이다. 먹을 것이 없는 광야에서 하나님이 허락하신 만나를 하찮은 음식이라 여겼던 이스라엘 백성처럼(민 21:5) 십자가조차도 하찮게 여기게 된다. 어떤 것이든 우리가 가진 달란트를 함부로 평가하지 말아야 한다. 작다고, 쓸모없는 것이라고 무시하면 안 된다. 예수님이 들판에서 오천 명을 먹이신 기적도 아이가 가져온 떡 다섯 개와 물고기 두 마리에서 시작되었음을 기억해야 한다. 하나님은 오늘도 연약하고, 보잘것없고, 아무것도 아닌 나를 통해 위대한 일을 하신다. 기대하고, 기도하며, 기다릴 때 하나님이 우리를 쓰신다.

하박국은 "비록 무화과나무가 무성하지 못하며 포도나무에 열매가 없으며 감람나무에 소출이 없으며 밭에 먹을 것이 없으며 우리에 양이 없으며 외양간에 소가 없을지라도 나는 여호와로 말미암아 즐거워하며 나의 구원의 하나님으로 말미암아 기뻐하리로다"(합 3:17~18)라고 고백했다. 하박국의 감사는 소유에서 나온 것이 아니다. 아무것도 가진 것이 없어서 남들이 볼 때는 실패한 인생 같지만, 구원의 하나님으로 인하여 감사한다고 했다.

그렇다면 감사를 어떻게 구체적으로 표현할 수 있는가? 첫째,

마음이다. 둘째, 입술(찬양과 기도)이다. 셋째, 물질이다. 넷째, 몸(봉사)으로 하는 감사다. 그런데 마음으로만, 입술로만 하는 감사는 잎만 무성한 무화과나무와 같을 수 있다. 생활 속에서 물질과 몸으로도 감사가 함께 표현될 때 진정한 감사가 된다.

또한 감사는 범사(凡事)에 할 수 있어야 한다. 평범한 중에 감사해야 한다. 그리고 남다른 은혜를 받은 것도 감사해야 한다. 그러나 무엇보다 역경 가운데서도 감사를 잊지 말아야 한다. 그러므로 우리 삶에서 '감사의 조건'이 무엇인지 찾아 보아야 한다. 살아 있는 것, 숨 쉬는 것, 먹을 것이 있는 것, 앉고 일어날 수 있는 것 등 감사의 조건을 찾아 보고 표현하며 살아야 한다. 부부간에, 부모자식 간에, 형제간에, 성도들 간에 고맙다고 표현해야 한다. 표현하지 않고 속에 담아두는 것은 온전한 감사가 아니다.

또한 하나님에게도 최선을 다해 감사를 표현해야 한다. 우리 삶에 잊었던 감사를 회복해야 한다. 어떤 상황에서도 감사하며 살면 하나님이 그 삶을 감사의 조건으로 바꿔 주실 것이다.

'추두부'라는 요리를 아는가? 두부 속에 미꾸라지가 들어가 있는 요리다. 추두부 만드는 방법은 간단하다. 큰 통에 두부와 미꾸라지를 넣고 약한 불에 올려놓으면 된다. 물이 뜨거워지면 미꾸라지는 뜨거움을 피하기 위해 두부 속으로 파고들어 가서 두부와 함께 익는다. 이것이 추두부다.

미꾸라지 생각에는 뜨거운 물을 피한 두부 속이 피난처였을지 모른다. 그러나 두부 역시 끓는 물속에서 익어가는 미꾸라지와 같은 신세일 뿐이다. 우리도 세상에 살면서 고통과 어려움을 만나면 그것을 해결해 줄 곳을 찾는다. 돈의 권세에 기대어 보기도 하고, 경험이나 지식의 힘을 믿어 보기도 하고, 힘 있는 사람을 의지해 보기도 한다. 그러나 세상 모든 것이 겉으로 보기에는 믿을 만해 보여도 끓는 물속에서 미꾸라지가 파고들었던 두부와 다를 바 없다.

힘들다고 고통스럽다고 머리 들이밀고 들어가고자 하는 자리가 정말 안전한 자리인가? 냄비 속 미꾸라지가 쑤시고 들어가는 두부, 결국 '추두부'가 되는 곳은 아닌가?

성경은 우리에게 분명히 가르쳐 준다. 우리의 피난처는 하나님뿐이라는 것을(시 46:1). 그러므로 예수 믿는 우리는 구원받은 사람답게 범사에 감사하며 모든 것을 하나님에게 초점을 두고 하늘 백성으로 살아야 한다.

죽지 않고

모든 인생(人生)은 일생(一生)일 뿐이다. 그리고 죽음 이후에는 심판이 있다. 회개하지 않고, 예수 그리스도가 십자가에 피 흘림으로 죗값을 대신 치르셨다는 것을 믿지 않으면 멸망의 길로 갈 수밖에 없다.

입으로 시인하여

"사람이 마음으로 믿어 의에 이르고 입으로 시인하여 구원에 이르느니라"(롬 10:10). 우리는 '예수님을 믿어 구원받았다'는 사실을 기억하고 매 순간 사람들 앞에서 '입으로 시인하여 선포'해야 한다. 드러내야 한다.

범사에 감사하라

먹을 것이 있고, 입을 옷이 있고, 누워 잘 곳이 있고, 만날 사람이 있고, 예배드릴 교회가 있는 이 모든 것이 감사의 조건이다. 그러니 가장 큰 감사의 조건은 우리가 구원받은 하나님 백성이 되었다는 사실이다.